Guia de estilo
40FOREVER

Guia de estilo

40FOREVER

ANA CECÍLIA DE MAGALHÃES LINS LACERDA
BEBEL NIEMEYER
MARIA PIA MARCONDES FERRAZ MONTENEGRO

Copyright © 2014 Ana Cecília de Magalhães Lins Lacerda; Bebel Niemeyer; Maria Pia Marcondes Ferraz Montenegro · 40 Forever Informação e Mídia Ltda.
Copyright © 2014 Casa da Palavra

Todos os direitos reservados e protegidos pela Lei 9.610, de 19.2.1998. É proibida a reprodução total ou parcial sem a expressa anuência da editora.

Este livro foi revisado segundo o Novo Acordo Ortográfico da Língua Portuguesa.

CURADORIA
Ricardo Amaral

PREPARAÇÃO DE ORIGINAIS
Sibelle Pedral

REVISÃO
Carolina Vaz

PROJETO GRÁFICO DE MIOLO E CAPA
Fernanda Mello

FOTO DE CAPA
Léo Aversa

ILUSTRAÇÕES DE MIOLO
Maria Valentina Fraiz

FOTOS DE MIOLO
Acervo das autoras
Léo Aversa (página 6)

CASA DA PALAVRA PRODUÇÃO EDITORIAL
Av. Calógeras, 6, 1001
Rio de Janeiro · RJ
20030-070
21.2222 3167 · 21.2224 7461
divulga@casadapalavra.com.br
www.casadapalavra.com.br

CIP-BRASIL. CATALOGAÇÃO NA PUBLICAÇÃO
SINDICATO NACIONAL DOS EDITORES DE LIVROS, RJ

L137g
   Lacerda, Ana Cecília de Magalhães Lins
     Guia de estilo 40 Forever / Ana Cecília de Magalhães Lins Lacerda, Bebel
   Niemeyer, Maria Pia Marcondes Ferraz Montenegro ; curadoria Ricardo Amaral. – 1. ed. – Rio de Janeiro : Casa da Palavra, 2014.
   160 p. : il.

   ISBN 978-85-7734-470-3

   1. Etiqueta. 2. Viagens - Guias. 3. Moda. I. Niemeyer, Bebel. II. Montenegro, Maria Pia Marcondes Ferraz. III. Amaral, Ricardo. IV. Título.

14-13838   CDD: 395.122
                            CDU: 394.2

SUMÁRIO

Filosofia 40forever
» 11 «

PARTE I
Você

BELEZA
» 15 «

MODA
» 41 «

PARTE II
Casa & etiqueta

ETIQUETA MODERNA
» 51 «

AMBIENTES DE CHARME
» 87 «

PEQUENO MANUAL
DE TRUQUES DOMÉSTICOS
» 91 «

PARTE III
Viagens

PARA SEMPRE PARIS
» 103 «

MEU BRASIL BRASILEIRO
» 145 «

Filosofia 40forever

ESTE LIVRO NASCEU DE UMA GRANDE AMIZADE.
Nós nos conhecemos desde sempre e desde sempre trocamos segredos, truques, descobertas sobre a vida e seus desdobramentos, viagens, compras, gastronomia, beleza, moda, livros, filmes.

Criamos um blog, 40forever, no qual contamos nossas descobertas e também as de amigos. No livro, como no nosso site, viemos para dividir o que nos encanta e partilhar nossa caminhada: a vida é maravilhosa para quem está plugado nela; idade é apenas uma convenção; e nossa jornada é o resultado de uma somatória de energias. Nosso desejo, e de todas as 40forever que se juntaram a nós, é manter a alma jovem e contar as nossas histórias, boas ou más.

Escrevemos sobre tudo de que gostamos e temos a sorte de conseguir juntar trabalho e diversão. Este livro, como o blog, é fruto de profissionalismo e disciplina, mas reflete o prazer com que fazemos o 40forever. Afinal, aos 40, a vida está apenas começando, e podemos – e devemos! – nos reinventar sempre, buscando o que há de positivo em tudo o que vemos.

É engraçado lembrar que foi um acaso, quando Isabel, filha de Bebel, sugeriu que a mãe, no maior papo ao telefone com a amiga Maria Pia, fizesse um blog. Isabel queria mesmo era assistir em paz a um jogo de futebol. Quando o destino quer, ele manda recado, mas nenhuma de nós tinha pensado nisso antes. Bebel e Maria Pia levaram a ideia a Ana Cecília e assim estava formada a trindade quarentona, para sempre, da web brasileira. Fizemos o blog 40forever, e agora este livro, à nossa imagem e semelhança. Sem regras, com humor, generosidade e a convicção dos que sabem que não sabem – mas desconfiam!

Venha juntar-se a nós e aproveitar as nossas ideias, dicas e descobertas. Com tudo de bom que conhecemos e aprendemos todos os dias. **AC, BN E MP**

PARTE I

Você

*Esperamos que,
com as nossas ideias
de beleza e moda,
você curta
este mundo sempre
elegante e irradiando
alegria de viver.*

Sempre limpos
hidratação
brilho
Moistur
Shampo
Condicio
hidratan
Leave-in

Beleza

Para nós, 40forever, ficar bonitas é um jeito de estar de bem com a vida, de agradar às pessoas que nos cercam e que amamos, de agradecer pela dádiva de cada dia pleno que vivemos. Ou seja, é uma questão de alma que reflete para a aparência.

CABELOS COLORIDOS E DESLUMBRANTES

Bebel Niemeyer

UMA CABELEIRA COLORIDA E SAUDÁVEL pede cuidados constantes! Por isso, na hora de mudar a cor das madeixas, avalie com o seu colorista alguns detalhes que fazem diferença. Primeiro, a temperatura ambiente, que pode influenciar o resultado: mais claro (se estiver frio) ou mais escuro (em locais abafados) do que queremos. Depois, a cor propriamente. Para dar leveza, o truque é clarear até três tons abaixo da cor natural (o que ainda garante uma carinha de mais nova); se o cabelo for muito escuro, o ideal é evitar excesso de contraste, mantendo a base mais escura e as madeixas suavemente iluminadas nas pontas. Quem tem poucos fios brancos não precisa pintar o cabelo todo: basta pedir ao cabeleireiro para tingir fio por fio. Se precisar pintar tudo, reivindique um dedo de raiz em um tom mais escuro; assim demora mais para ter que retocar. Na hora de lavar, seja no salão, seja em casa, escolha produtos (xampu, condicionador e leave-in) para cabelos quimicamente tratados, evite água muito quente e finalize com um jato de água fria, para fechar as escamas dos fios.

TRATAMENTO HOMEMADE

Bebel Niemeyer

EM CASA, USO VÁRIOS CREMES no dia a dia acessíveis e fáceis de aplicá-los sozinha e que dão um superbrilho no cabelo! O único macete é fazer rodízio, usando um produto diferente a cada dia. Massageie, deixe por uns 10 minutinhos. Se tiver touca térmica, melhor, só não esqueça de trancar a porta do banheiro porque a gente fica horrenda. Veja os meus preferidos: Olio Essenziale Semi Di Lino, condicionador capilar, Alfaparf; Complex Color Intensive, concentrado doador de brilho, Amend; concentrado de queratina, concentrado reestruturante nutrição celular e iluminação da cor, todos da marca Acquaflora. À venda nas boas casas de beauté.

TANTOS TONS DE CINZA

Ana Cecília de Magalhães Lins Lacerda

TEM MUITAS 40FOREVER deixando de pintar os cabelos e resolvendo deixá-los ao natural, silver gray ou brancos, como preferirem! Eu acho que o visual pode envelhecer um pouco, mas com certeza a qualidade dos fios vai melhorar muito, já que a química estraga demais os cabelos... Tenho amigas queridas radiantes com a opção que fizeram! No entanto, diferentemente de outros tons de cabelo, fios brancos, ou não pigmentados, exigem manutenção extra devido à falta de melanina. A melanina é um pigmento que protege os cabelos da exposição ao sol e à química; sem ela, os fios podem tornar-se ressecados e quebradiços. O tipo de cuidado necessário para o seu cabelo branco depende da característica dele – se é seco ou oleoso. Veja o passo a passo para cuidar bem dos fios:

› Lave todo dia, pois cabelos brancos podem facilmente parecer sujos. Para evitar que ressequem, use regularmente um "moisturizing shampoo", que remove as impurezas sem interferir nos óleos e nas vitaminas necessários para manter seu cabelo saudável. Alterne esse produto com xampus especialmente formulados para cabelos brancos. Eles combatem aquele aspecto envelhecido e previnem o amarelamento causado pelo fumo, pela exposição ao tempo e por produtos para modelar.

› Use um condicionador hidratante após a lavagem. Além de manter o brilho, ele impede o ressecamento e também o

frizziness, aquele aspecto meio arrepiado. Se preferir, substitua por um leave-in.
> Evite produtos que contenham álcool, substância que pode ressecar os cabelos e facilitar a quebra dos fios.

Dito isso, tem uma frase ótima da Lois Joy Johnson, autora do livro *Great Hair After 50*, que quero dividir com você: "O cabelo cinzento prateado é um Rolls Royce ou Bentley esfumaçado brilhando com classe. São joias de prata de Elsa Peretti brilhando em caixas na Tiffany & Co." Chiquérrimo, não? Por fim, uma dica de maquiagem: como a moldura do rosto ficará neutra, aqueça o make com blush pêssego rosado ou pêssego dourado. Ostente seu estilo gray com confiança e use roupas que valorizem sua opção!

NOIVAS IMPECÁVEIS ATÉ O AMANHECER

Maria Pia Marcondes Ferraz Montenegro

JÁ VI NOIVAS DANÇAREM a noite inteira com o coque impecável, como se tivessem acabado de sair do cabeleireiro, e fui perguntar para uma especialista, a experiente Esmell, ex-Copacabana Palace, ex-Jambert, atualmente com um salão próprio, como se faz a mágica. Ela, generosa, me contou seu segredo: usa uma gelatina de balé aquático, fórmula especial que aprendeu com um cabeleireiro alemão nos anos 1970. Imagine que ela penteia uma média de dez noivas por mês, há 45 anos... (Dá pra reproduzir?) Seus conselhos valem ouro: para Esmell, o essencial não é seguir à risca as tendências da moda, mas principalmente buscar algo que seja a expressão exata do estilo de cada um. E é isso que ela consegue fazer perfeitamente.

RENOVANDO A PELE

Ana Cecília de Magalhães Lins Lacerda

QUEM JÁ FEZ PEELING sabe que, passada a chateação dos primeiros dias, a pele volta radiante e lá se vão ruguinhas e manchas – sem falar na textura, que fica muito mais aveludada. Os peelings químicos são descamações intencionais provocadas na pele do rosto e de algumas áreas do corpo. Podem ser superficiais, médios ou profundos, sendo que estes últimos estão sendo cada vez menos usados, substituídos pelos lasers fracionados. Apesar de requererem algum cuidado nos dias pós-aplicação, ainda são uma alternativa excelente para melhorar a pele.

PREENCHER, POR QUE NÃO?

Os preenchimentos cutâneos são procedimentos minimamente invasivos capazes de colocar a nossa autoestima lá no alto. Seja para repor contornos que perdemos com o tempo, seja para ficar mais belas, essa técnica, utilizada principalmente no rosto, está mais segura desde que os bons profissionais passaram a realizá-la com ácido hialurônico. Levamos um susto (para o bem!) ao descobrir quantas novas aplicações há no mercado. Com uma ajudazinha desse ácido, podemos:

1. Remodelar o nariz, corrigindo desde defeitos no dorso e desvios até ponta caída e assimetrias.
2. Esculpir o queixo, tão importante para dar personalidade ao rosto (especialmente nos homens). Vale para quem tem o queixo pequeno ou retraído.
3. Corrigir os lóbulos das orelhas. Com tanto brinco bonito para enfeitar a gente, é importante saber que fendas alargadas, rugas e até aumento no tamanho do lóbulo têm solução! Com um plus: nessa região, o efeito do tratamento dura mais, por tratar-se de uma área de pouca mobilidade.
4. Mudar o formato das sobrancelhas, tornando-as mais harmoniosas.
5. Eliminar as olheiras, para a gente acordar de manhã já com cara de descansada total!

Essa substância, levemente modificada, também se presta aos preenchimentos corporais. Ela corrige, ou atenua, as linhas horizontais do pescoço, rugas no colo e nas mãos e até celulite (neste caso, associada a outra técnica, a Subcision®). Também aumenta o volume do bumbum e dos grandes lábios da mulher. Ficou interessada? Converse com um médico de sua confiança e avalie com ele o que vai deixar você deslumbrante.

Ninguém me contou: eu mesma fui a cobaia! Depois de ouvir maravilhas sobre o uso do ácido hialurônico, soube que ele também pode ser usado para acabar com aquelas olheiras que nos deixam com uma cara exausta (no meu caso, aquela "linha" que molda a olheira, nada tão grave, mas que incomoda!). Me animei na hora e decidi tentar. O resultado é imediato, incrível! Uma pequena cânula, nenhuma dor e sucesso total! Ressalvo que só deve ser feito por um dermatologista que conheça e domine o procedimento. A área dos nossos olhos é sagrada! Depois, porém... Juro, acordo de manhã com cara de descansada total. "Concealer" matinal já era!

XÔ, ACNE!

Ana Cecília de Magalhães Lins Lacerda

ACNE NÃO É SÓ COISA DE ADOLESCENTE: pode afetar mulheres e estragar aquele make que a gente passou dias planejando. Há tratamentos muito eficazes – tópicos, orais e até cirúrgicos –, que sempre devem ser prescritos por um médico especialista. Entre os tópicos, destacam-se os antiacneicos (como os retinoides e o peróxido de benzoíla, entre outros) e os antibióticos (como a eritromicina e a clindamicina); entre os orais também há antibióticos (como a minociclina e a tetraciclina, além de outros mais potentes, quando necessário) e a isotretinoína, um medicamento muito eficaz cujo uso depende de exames periódicos e acompanhamento médico contínuo. Se a acne já deixou marcas, algumas técnicas atenuam as cicatrizes: cirurgias (como a Subcision®), preenchimentos, lasers fracionados e uma modalidade de tratamento relativamente recente, a terapia fotodinâmica, boa alternativa para quem não pode tomar remédios via oral para tratar a acne.

QUANDO PARECE QUE NADA RESOLVE...

Ana Cecília de Magalhães Lins Lacerda

VIRA E MEXE FICAMOS SABENDO de algum amigo ou amiga com doenças de pele relacionadas ao stress. Os dermatologistas com quem falamos confirmam que elas estão mesmo mais frequentes. Qualquer stress emocional pode desencadear sintomas, que não devem ser desprezados. As doenças que se manifestam na pele costumam ter impacto no dia a dia das pessoas, afetando a autoestima e a autoconfiança. Já pensou nisso?

GUERRA CONTRA A CELULITE

Ana Cecília de Magalhães Lins Lacerda

O LEMA INTERNO DE TODA MULHER É: "Xô, celulite!" Mas o nosso arsenal contra essa praga está aumentando. Cellulaze™ é uma máquina para tratar a celulite que se baseia na técnica Subcision®, utilizada originalmente para essa finalidade pelas dermatologistas brasileiras Doris Hexsel e Rosemarie Mazzuco.

Funciona assim: um laser corta os septos subcutâneos que repuxam a pele, formando os famosos furinhos da celulite; em seguida, age aquecendo e liquefazendo a gordura (não é lipoaspiração!), provocando algum grau de contração da pele da área tratada. O novo equipamento já foi aprovado pela Anvisa e está disponível no Brasil. Os resultados são visíveis desde a primeira aplicação, realizada sob anestesia local, e tendem a ser duradouros.

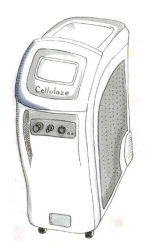

UM ARSENAL CONTRA A FLACIDEZ

Ana Cecília de Magalhães Lins Lacerda

SOCORRO: os primeiros sinais da flacidez já podem ser vistos aos 30 anos! A boa notícia é que há tratamentos para todos os casos, dos mais simples aos bem visíveis. Para os casos de flacidez inicial, os cremes preventivos dão bons resultados. Entre os ativos mais eficazes estão o ácido retinoico, as vitaminas e antioxidantes e os tensores, que têm efeito imediato e "esticam" a pele, como o DMAE, a Raffermine etc. A maioria desses princípios ativos estimula a produção de colágeno. Nos casos em que o problema já é perceptível, vale optar por tratamentos mais intensivos, como aparelhos de radiofrequência e lasers, cada vez mais seguros e eficientes. Quando a flacidez e o excesso de pele são excessivos, a cirurgia plástica é o melhor caminho, pois pode reorganizar os grupos musculares e remover a pele excedente.

MIL AGULHINHAS DO BEM

Ana Cecília de Magalhães Lins Lacerda

IMAGINE UM APARELHO CRAVEJADO DE AGULHAS, como um ouriço, que, aplicado na pele, faz microfurinhos. Esses furinhos invisíveis estimulam a produção de colágeno, colaborando para uma pele mais jovem, e ajudam a levar medicamentos para as camadas mais profundas, tornando-os mais eficazes. Estamos falando do Dermaroller® e do Magic Roller®, que têm versões para consultório dermatológico e para uso doméstico. A técnica chama-se microagulhamento, é doloridinha e, mesmo realizada em casa, pede acompanhamento do seu dermatologista, mas os resultados são muito bons no tratamento de estrias, rugas e cicatrizes, principalmente as da acne.

SEMENTES PODEROSAS

Maria Pia Marcondes Ferraz Montenegro

SE É MESMO VERDADE QUE SOMOS O QUE COMEMOS, vale tomar nota dessas duas sementes: chia e goji berry. A chia, de origem mexicana, parece gergelim com sabor de nozes. Já era cultivada desde 2600 a.C. e usada por astecas e maias para aumentar a resistência física. Contribui para baixar a pressão arterial e diminuir o colesterol ruim, entre outros benefícios (Gwyneth Paltrow já declarou que é fã!). O goji berry vem da China e é muito empregado na medicina desse país. Combate os radicais livres e o envelhecimento precoce, além de estimular o colágeno, prevenindo a flacidez. À venda em casas de produtos naturais e farmácias de manipulação.

UNHAS IMPECÁVEIS TÊM QUE ESTAR SAUDÁVEIS

Ana Cecília de Magalhães Lins Lacerda

NEM A MANICURE MAIS PERFEITA faz milagre em unhas quebradiças e frágeis. Para cuidar melhor delas, é preciso entender que sofrem com deficiência de vitaminas, uso de produtos químicos locais, como removedores de esmalte, infecções e traumatismos. Até os remédios que tomamos podem mexer com a saúde das unhas! Para combater problemas como quebra ou descamação, adotamos alguns cuidados: 1. Hidratar com óleos e cremes; 2. Cuidar da alimentação investindo em nutrientes como ferro, zinco, selênio, vitaminas A, E e C e biotina; 3. Evitar traumas locais, especialmente na raiz da unha, que podem provocar ondulações e manchas esbranquiçadas; 4. Observar se o uso contínuo do esmalte não está causando manchas e, se for o caso, buscar alternativas.

PRODUTOS MARA!

A melhor escova de cabelos do mundo...

É a inglesa Mason Pearson. Fabricada desde 1860, é totalmente artesanal e não estraga os fios ao desembaraçar. Uso há anos! Certa vez, fiz amizade com um vendedor da loja Bon Marché, em Paris (sempre comprei as minhas lá), e ele me confessou que num único mês havia vendido 24 mil euros em escovas dessa marca. Não é incrível? MP

À venda em www.amazon.com

A magia do Embryolisse

Quando tinha uns 15 anos, fui ao melhor dermatologista de Paris, Robert Aron-Brunetière. Ele me indicou um creme que sua mãe, de 95 anos, havia usado a vida inteira, e que para ele era o melhor do mundo. Chama-se Embryolisse, e acredito que mantém o lugar de melhor até hoje. Nunca deixei de aplicar, pois é perfeito para o dia a dia. Aron-Brunetière sempre dizia que os grandes pesquisadores trabalham para laboratórios farmacêuticos e que, por isso, os cremes de farmácia são sempre melhores que os de perfumaria. Nunca esqueci essa dica! MP

À venda nos melhores sites de beleza e em qualquer farmácia que comercialize produtos franceses.

O protetor solar de cada dia

Tem que usar, e a gente sabe que essa é uma escolha muito pessoal, mas eu me encantei com o Fresh Cooling 45, da Neutrogena, e recomendo. É disparado o melhor que já usei: em spray, transparente (tem coisa mais feia do que virar uma pasta branca na praia?), não mancha o biquíni e ainda deixa a pele com um brilho inacreditável no sol. AC

À venda nas boas drogarias.

Um creme imbatível para o rosto e colo

Minha tia, orgulho nacional e internacional, pra lá de linda de morrer, Sylvia Amélia Chagas de Waldner, mãe de MP, usa e abusa de Fadiamone, um creme maravilhoso para o colo e o rosto que foi recomendado por seu dermatologista francês. Vende-se nas farmácias em Paris por um preço módico, nada dessas fortunas de cremes milagrosos que vemos por aí! Apesar de tomar sol, ela tem uma das peles mais lindas e viçosas que já vi! AC

Clarisonic, um milagre para a pele

Esse aparelhinho sensacional deixa a pele incrível: diminui a oleosidade, faz os cravos sumirem, reduz as rugas e linhas de expressão e limpa a pele profundamente. Só pode ser um milagre... Ainda não é vendido por aqui, mas se algum amigo for viajar, o Clarisonic pode ser encontrado em qualquer Sephora. Eu adoro! MP

A máscara mágica

Uma queridíssima amiga, superantenada com tudo que se refere aos cuidados da pele, me deu esta dica imperdível. Quem for à França poderá encontrar em qualquer farmácia (por um preço ótimo!) a máscara do laboratório Crystalle de Collagena, à base de cristais de colágeno marinho e ácido hialurônico. Pode ser usada em qualquer tipo de pele e devolve, em minutos, o brilho perdido, hidratando e relaxando. Aplica-se na pele limpa e deixa-se agir por 15 minutos. A sensação é absolutamente incrível. Segredo que muitas usam, mas poucas revelam. Fica a dica! MP

Cílios de boneca

É o seu sonho de consumo? Tente o neuLASH! Eu experimentei, e minhas pestanas cresceram e encheram, parece até que estou usando cílios postiços, mesmo sem rímel! À venda na Bergdorf Goodman, em Nova York. Ou fique com um produto semelhante, Latisse, vendido em boas drogarias. Tenho amigas que usam e estão radiantes, cada uma com cílios maiores que os das outras! Aliás, outro dia resolvi testar também o neuBROW, para sobrancelhas. É inacreditável como elas crescem e "enchem" rapidamente! AC

Colo lisinho

A dica, de uma amiga querida, só pode ser descrita como MILAGRE! Incomodada com o visual "plissado" da pele delicada do colo, ela experimentou e aprovou o Decollette Pads, adesivos de silicone, discretos e confortáveis, para se usar à noite. No dia seguinte, as ruguinhas parecem passadas a ferro! Há pads também para o rosto, mas o que a impressionou mesmo foram os adesivos para o colo. Já à venda no Brasil, em sites especializados. AC

Descolorante antialérgico

Fiquei alérgica e tive que dar adeus a todos os descolorantes do mercado. Imagine o meu desespero! Até que descobri um produto espetacular: Banho de Lua Dourado. Você aplica essa parafina rosa antes na pele, mistura o pó descolorante com a água oxigenada, passa no rosto ou no corpo, espera menos de 10 minutos e o milagre está feito: pelos louros e nada de alergia. AC

TRUQUE INFALÍVEL

Toda vez que faço minha sobrancelha e cuido dos cílios, tem gente que me pergunta se fiz lifting. Não, ainda não... O segredo é limpá-la antes de pedir à esteticista que a pinte com hena e depois tirar o excesso – nada de redesenhar o que a sábia natureza faz melhor do que ninguém. O segundo passo complementa e consagra o primeiro: permanente dos cílios. Depois, pinte-os com rímel da cor que desejar. Menina, você não imagina o efeito desse trio! BN

DICA QUENTE

Aqui em casa, não embarcamos nem para São João do Meriti (que, como o Havaí, é logo ali) sem as meias elásticas medicinais Sigvaris, que têm efeito terapêutico e podem salvar vidas. Quando permanecemos sentados ou em pé por muito tempo, o sangue tende a ficar retido nas veias, que se dilatam causando mal-estar, sensação de cansaço e até varizes. Nos casos mais graves, há risco de trombose venosa profunda, com coágulos e consequências imprevisíveis. Pois essas meias, que são unissex, comprimem as veias e estimulam a circulação sanguínea. Precisam ser receitadas por um médico, que determinará o nível de compressão adequada para você. São de algodão, ótimas para o nosso clima tropical; se você não gostar do tom bege muito artificial, sobreponha uma meia dos seus sonhos – e estará pronta para grandes e pequenas viagens. BN

🛍 *À venda em www.medshop.com.br*

PARA QUEM ESTÁ EM PLENA QUÍMIO
Solidariedade é tudo no mundo!
Ana Cecília de Magalhães Lins Lacerda e Bebel Niemeyer

Uma amiga certa vez nos deu dicas incríveis para mulheres que estão passando pelo difícil momento que é o câncer e tratando-se com quimioterapia, em que, não raro, os cabelos e os pelos caem. Olhe só o que ela nos contou:

SOBRANCELHAS E CÍLIOS
Nada como óculos (de lentes transparentes mesmo)! Se você não usa, não tem problema: mande fazer. Sem grau, é claro, e escolha uma armação bem levinha e bonita, que vai vestir os seus olhos.

CABELOS
A melhor opção são echarpes para enrolar na cabeça e fazer um turbante à sua moda. Prefira as de algodão macio – são mais suaves ao toque e não escorregam como as de seda. As retangulares (e não quadradas) são mais fáceis de manejar.

E SE O ASSUNTO FOR PERUCA...
Elas estão cada vez mais leves, antialérgicas e naturais a ponto de simular o couro cabeludo. Hair stylists conceituados, como o maravilhoso Fernando Torquato, têm assinado coleções com os mesmos cortes de suas clientes estreladas. Nas boas lojas, consultores orientam as clientes quanto aos modelos e às tonalidades ideais, de acordo com o estilo de cada uma (e com privacidade). Lembre-se de perguntar sobre apoio técnico para a conservação das perucas, serviços de lavagem e manutenção e se é possível cuidar dos fios em casa.

A arte de se maquiar

Maria Pia Marcondes Ferraz Montenegro

O hábito de se maquiar é muito antigo, e a primeira referência que me vem à cabeça é a poderosa Cleópatra vivida no cinema por Elizabeth Taylor, com sua lendária pele branca, devido aos banhos de leite, e os lindos olhos pintados com khol, superexagerados. Acho, aliás, que foram as grandes atrizes do cinema as responsáveis por imortalizar os estilos de maquiagem. Marilyn Monroe marcou uma época com seu batom vermelho, Brigitte Bardot com seu eyeliner e lápis de boca e Audrey Hepburn será sempre lembrada por seus maravilhosos olhos realçados com discretos cílios postiços e uma leve sombra.

De todos esses estilos de maquiagem, o mais atual para mim é o de Audrey, que se adapta à teoria do grande arquiteto alemão naturalizado americano Mies Van der Rohe segundo a qual "less is more" (menos é mais) – teoria, aliás, que para mim vale para tudo nesta vida. Hoje penso que quanto menos maquiagem a mulher usar, mais bonita ficará, pois a naturalidade é um fator essencial para se viver feliz. Quanto mais natural o look, mais bonito e elegante.

Opiniões à parte, é bom lembrar que o hábito de se maquiar varia entre as mulheres de cada parte do planeta. As americanas não saem de casa sem se maquiar; as europeias também não, mas a maquiagem delas é bem diferente, mais leve e discreta. Reconheço uma mulher árabe pelo jeito de se maquiar: olhos sempre muito realçados! Minhas amigas libanesas se maquiam divinamente bem. As indianas também adoram e não dispensam o lápis kajal e o bindi, aquele pequeno círculo usado entre as sobrancelhas que simboliza a força feminina. Já as japonesas costumam ser fashion victims e usam tudo que acabou de sair no mercado.

Nós, brasileiras, estamos antes de tudo preocupadas com a saúde e o tônus da pele. Vivemos num país tropical onde ficamos expostas ao sol quase o ano todo, por isso a pele tem que estar sempre impecável! Nossa maquiagem é para enfeitar, jamais para esconder; tem que ser o mais natural possível.

Dito isso, e sem pretensão, apenas com o desejo de dividir, conto o que uso sempre para me maquiar:

> Creme hidratante Embryolisse (confira essa dica em "Produtos mara!", na página 26);
> Filtro solar La Roche-Posay 50 Teinté;
> Uma base superleve, como Teint a Visionnaire, da Lancôme;
> Rímel (qualquer um que tenha escovinha para alongar os cílios);
> Terre de Soleil, da Guerlain, para dar um sutil tom bronzeado;
> Blush com efeito iluminador Nars, na cor South Beach;
> Qualquer batom suave, cor de boca;
> Para a noite só acrescento um delineador da MAC, Blacktrack, que aplico com um pincel ao redor dos olhos dando um efeito de khol, porém bem mais suave, e um lápis de boca.

O QUE EU ACHO OUT

Base pesada e do tom errado (mais clara ou mais escura que sua pele), acabamento com pó (envelhece e tira o brilho), sobrancelha fina, pintar a boca de cor muito forte para o dia, iluminador branco, cílios postiços exagerados e blush alaranjado.

MAKE PARA FICAR LINDA O DIA INTEIRO

Ana Cecília de Magalhães Lins Lacerda

SABE AQUELES DIAS QUE PROMETEM AGITAÇÃO NONSTOP? Tenho meus truques para a maquiagem durar como se tivesse acabado de ficar pronta. Tomara que funcionem para você!

Passo 1: hidrate a pele com o creme de costume (uso qualquer um!).

Passo 2: aplique um pouco de La Base (Lancôme); supersuave, ela vai segurar a barra o dia todo. E tem efeito "pele lisa"!

Passo 3: arremate com Parure Gold (Guerlain), outra base, maravilhosa e leve (make pesado é a coisa que mais envelhece no mundo!).

Passo 4: use Terracota Skin (Guerlain) e bingo! Desliza na pele, faz um efeito milagroso.

Passo 5: para disfarçar as olheiras, passe Effacernes (Lancôme).

Passo 6: se precisar cobrir manchas na pele, nada se compara ao Laura Mercier Camouflage Concealer, the best!

Passo 7: nos olhos, uma sombra nude rosada (uso a cor Malt, da MAC). Parece que você está sem sombra, mas faz a maior diferença.

Passo 8: rímel Lancôme à prova d'água, porque nunca se sabe quando vamos nos emocionar de alegria ou pegar uma chuva, e rímel borrado acaba com qualquer uma!

Passo 9: na boca, uso manteiga de cacau (gosto da marca nacional Veraneio) ou Burt's Bees Lip Shimmer com cor, pois tenho mania de hidratar os lábios.

Emergência durante o dia? Use Benetint, um blush líquido que dá um tom saudável e supernatural às bochechas. Se não tiver tempo pra trocar o make todo para a noite que te espera, Terracota Guerlain é a salvação da lavoura, junto com um lápis de olho (uso MAC). Arrase!

MAKE PARA PELE MORENA

Bebel Niemeyer

HÁ INCONTÁVEIS TONALIDADES de pele morena, e cada pessoa deve procurar a cor de base ideal – que não deixe o rosto acinzentado, um risco que sempre corremos. Vale experimentar na face duas tonalidades diferentes, uma mais amarelada, outra mais rosada.

› Primeiro, limpe bem o rosto com o tônico ideal para seu tipo de pele (seca, oleosa ou mista). Aplique primers específicos para cada área. Se tiver pele seca, misture sempre a base com um pouco de creme hidratante.

› Nos olhos, use sombras de tonalidades cobre, bronze, bege-queimado e preto; para um visual mais sofisticado, prefira ameixa, roxo, rosa-cereja e azul-marinho. Lembrando sempre que tons mais escuros, como preto e azul-marinho, devem ser aplicados no contorno dos olhos para criar o efeito esfumado. A cor do rímel sempre acompanha a do lápis de olho.

- Para cobrir eventuais falhas nas sobrancelhas, aplique sombra nas tonalidades marrom-escuro ou cinza (nunca pretas) usando sempre um pincel chanfrado.
- Nas maçãs do rosto, prefira blush puxando para os tons de cobre, terracota ou bronze; por cima, um leve toque cereja para iluminar.
- As cores ideais de batom são marrom, cobre e cereja; sobre elas, aplique um brilho labial neutro. Evite os tons esbranquiçados ou rosa muito claro, tonalidades são para quem tem boca fina; cuidado com o contorno, que pode engrossar bastante os lábios.

E DEPOIS...
LIMPAR A PELE SEMPRE!

Nunca consegui dormir maquiada, mesmo quando o desfile das escolas de samba, do grupo especial, era num só dia. Chegava em casa moída, no meio do dia e com o sol a pino, e ia direto pro chuveiro esfregar meu pobre rosto até sair o último resquício do rímel borrado. Tempos maravilhosos, muitas saudades de quase tudo...

... Menos da inexistência dos maravilhosos lenços removedores de maquiagem, que entraram na minha vida só no século XXI. Recomendo três marcas, com diferentes virtudes:

Wipes Lingettes Démaquillantes, da MAC, é uma espécie de Ferrari do gênero e remove até pensamentos! "Achável" em qualquer loja da MAC, em território brasileiro ou não, em embalagem com cem unidades, ou seja, quatro vezes mais do que a maioria de seus concorrentes. O único senão é o $. Ah! Tem também a versão para viagem, com as mesmas qualidades e desvantagens de seu irmão graúdo.

Nivea Visage é o que uso há anos, encontrável em qualquer farmácia, supermercado ou perfumaria. Embalagem com 25 unidades. São bastante eficientes, macios e têm um preço justo.

Lenços removedores de maquiagem Océane vêm numa embalagem pequenina, com 25 unidades, ideal para viagens. São bem macios. E encontramos em boas farmácias.

A SABEDORIA DE
Ivo Pitanguy

Numa conversa esclarecedora, o mago dos bisturis nos convida a pensar sobre os efeitos da passagem do tempo e as nossas decisões de beleza.

Num bate-papo com um dos mais incríveis personagens da medicina brasileira. Referência mundial em cirurgia plástica. Sua energia, experiência de vida e sabedoria são contagiantes.

MP *Com quantos anos se deve fazer a primeira plástica?*
IP Quando a pessoa não se sente bem consigo mesma, não reconhece a própria imagem no espelho. Isso é mais comum na passagem da juventude para a maturidade, e traz mal-estar e desconforto. Essa pessoa não precisa necessariamente de uma plástica: novos hábitos, uma maneira de sentir a vida de forma mais positiva ou uma estratégia de reinvenção podem igualmente ajudá-la. Se optar pela plástica, porém, deve procurar um médico bem-preparado, que permita um reencontro com sua imagem anterior. Plásticas que mudam muito a aparência podem ser perversas e nocivas. A plástica bem-feita traz alegria e bem-estar. Já cirurgias como a

correção da orelha de abano devem ocorrer entre 7 e 8 anos; nesse caso, quanto mais jovem, melhor, para não atrapalhar a socialização da criança. Plástica de nariz pode ser feita a partir dos 15 ou 16 anos, quando os ossos estarão desenvolvidos e formados.

MP *E a plástica nas mamas?*
IP É uma das cirurgias em que temos mais experiência; criei várias técnicas. Quando a mama é grande a ponto de afetar a estrutura corporal, inclusive a coluna, a cirurgia corretiva deve ser feita a partir dos 16, 17 anos. Se é um caso de mamas pequenas, afetando a feminilidade, deve-se operar o mais cedo possível, em nome do bem-estar psicológico. Pessoas que têm mamas de tamanho razoável devem esperar até a maturidade para decidir se é mesmo o caso de aumentar. É outra história.

MP *O senhor acha que se deve operar face e olhos, lipo e face, ou uma coisa de cada vez?*
IP Depende muito da extensão. Realizamos cirurgias associadas, mas elas devem ser avaliadas com muito critério. O cirurgião que optar por fazê-las precisa sempre trabalhar em equipe. Na lipoaspiração, depende da quantidade de gordura a ser aspirada.

MP *O senhor é a favor do botox?*
IP Não sou contra nem a favor; os métodos utilizados em consultório vieram para ajudar, são coadjuvantes. Existem vários problemas, sobretudo na região frontal, que podem ser resolvidos com botox antes da cirurgia. Quando ele

é colocado de maneira indiscriminada, pode não só causar problemas, como também deixar o rosto sem expressão nenhuma. Tem que ser feito sempre com muito critério.

MP *O que o senhor acha de injetar gordura ou substâncias químicas nos lábios para ter uma boca como a da Angelina Jolie?*
IP Acho perigoso, e pode produzir uma boca deformada, nada natural. No Brasil se vê menos isso, pois temos um sentido estético muito apurado.

MP *O senhor acha que os homens estão mais vaidosos e se submetendo mais a cirurgias estéticas?*
IP Há uma incidência muito maior do que anteriormente, e essa conquista para o homem está profundamente ligada ao crescimento do papel social da mulher. Se ela pode ter mais poder, ele também tem o direito de se cuidar. Eles buscam

mais a correção da pálpebra pesada, muitas vezes associada a um lifting incluindo a região do pescoço.

MP *O que é um minilifting?*
IP É um termo que pode ser mal-interpretado porque não existe um mini, mas sim um lifting que você pode fazer sem envolver a região cervical. Quando a pessoa é muito jovem e teve muita acne, faz um peeling e às vezes tem que recolocar essa pele no lugar, também é o caso de pessoas que envelheceram precocemente e que não precisam da região cervical. Então, pode se chamar, um meio lifting.

Suas cidades: Rio de janeiro e Paris.

Hobby: Tenho tantos hobbies que nem sei de qual mais gosto, acho que é ler, mas gosto de tênis, de mergulhar, de esquiar, de atividades físicas.... e me sinto muito próximo ao jovem devido ao meu esporte. Cada fase da vida tem um momento para o esporte, evidentemente que você não vai praticá-lo com a mesma veemência de antes, mas pode fazê-lo com mais delicadeza.

Eu, MP, já tive a sorte de esquiar com Pitanguy algumas vezes em Gstaad e devo dizer que fiquei muito impressionada e posso testemunhar a sua destreza e habilidade no esporte. É impressionante como o professor esquia divinamente bem.
É um grande deleite conversar com esse gênio, não só da medicina mas da arte de viver!

Moda

Fascinante, a moda nos define e manda nosso recado ao mundo. É por isso que amamos esse tema imortal.

A MODA DOS ANOS 60 ENSINA ATÉ HOJE

Maria Pia Marcondes Ferraz Montenegro

OS ANOS 60 foram totalmente revolucionários para o mundo. Trouxeram mudanças radicais: no sexo (graças à pílula), na corrida espacial, na moda, na cultura. Viram despontar e brilhar os sensacionais Beatles, Elvis Presley, James Dean, o divino Frank Sinatra, Bob Dylan, Rolling Stones, Tom Jobim, Vinicius de Morais, a Jovem Guarda, Andy Warhol, Balenciaga, Emilio Pucci, Courrèges e por aí vai. Transgredir era a palavra de ordem; desafiar a moda virou sinônimo de liberdade. Aliás, adoro a ideia de não seguir a moda; acho que cada um tem que explorar o próprio estilo e jamais ser vítima de modismos. Só deveríamos usar o que nos cai muito bem. Sendo assim:

- Uma gordinha não deve usar calça grudada; pior, só se for branca! Ficará muito melhor com uma calça preta soltinha.
- Pantalonas vestem melhor as mulheres altas.
- Magrinhas devem usar blusas mais largas.

› Minissaias são só para mulheres abaixo dos 40. Nós, 40forever, ficamos bem mais elegantes e chiques com saias e vestidos mais compridinhos.

Os anos 60 foram o berço do nascimento do prêt-à-porter. A moda pela primeira vez teve como alvo a juventude, fruto do chamado baby boom: época de prosperidade financeira em que a população mundial crescia e a sociedade consumista estava no auge (90% dos americanos já tinham televisão). Surgiram as roupas baratas, divertidas, descartáveis e características do imediatismo que daria origem ao prêt-à-porter.

A moda tornou-se sensual, geométrica, de linhas retas e com pouco pano, inspirada na corrida espacial. Pierre Cardin e Courrèges fizeram a moda futurista e Mary Quant dividiu a autoria da minissaia com Courrèges. Yves Saint Laurent criou as japonesas, as *sahariennes*, o smoking para mulheres e o tubinho Mondrian. A estampa Pucci virou uma febre, e até o alumínio foi utilizado por Paco Rabanne como matéria-prima. Outro sucesso dessa época é o tubinho com botas, que vive ressurgindo nas passarelas. O conforto, a inovação de materiais, os tecidos sintéticos, as meias de nylon e a malha foram consequência desse momento da moda e da exigência dos jovens pelo prático, fácil e despojado.

Óculos gigantes como os de Jackie Kennedy e os modelos supercoloridos viraram moda. Saíram as cinturas marcadas, as saias rodadas com anágua, os cabelos presos com spray; entraram as mínis, as calças cigarettes, as pantalonas e os shorts curtíssimos da Brigitte Bardot, além de tubinhos e estampas psicodélicas.

Os maiores estilistas do Brasil foram Dener, Clodovil e Zuzu Angel (mãe de nossa querida colunista Hildegard Angel). Pelo ateliê de Zuzu passaram Lisa Minelli, Joan Crawford e Kim Novak. Por aqui, os jovens rapidamente aderiram à minissaia, à calça boca-de-sino, à cintura baixa e ao unissex. A jovem guarda, capitaneada por Roberto Carlos, Erasmo Carlos e Wanderléia, levava a juventude à loucura!

Se hoje a moda é muito mais fácil, confortável e prática, devemos isso aos anos 60. Não é à toa que, volta e meia, todos os estilistas fazem releituras dessa década gloriosa, seja por saudosismo, pelo uso inovador dos materiais ou por uma justa homenagem a uma época tão criativa que marcou nosso mundo FOREVER.

O JEANS DA MULHER 40FOREVER

Ana Cecília de Magalhães Lins Lacerda

NÃO EXISTE ROUPA mais democrática no mundo do que jeans! Todo mundo tem e se usa em quase todas as ocasiões. Agora a grande questão: qual o melhor jeans para nós, 40forever?

Há alguns anos assisti a um programa da apresentadora americana Oprah Winfrey em que o assunto era as bocas das calças. Ela dizia que calças de boca estreita deveriam ser banidas dos armários, porque achatavam a silhueta e engordavam. Segui a recomendação à risca e passei todas adiante! Até hoje dou razão a ela: prefiro os jeans que alongam, mais retos ou com a boca mais larga pra cobrir o salto.

Outra questão é a cintura: baixa ou alta? Eu não gosto de cintura alta, acho que engorda, corta o tronco e não alonga; só as magras podem usar (se estiver um pouco cheinha, sua barriga vai ficar concentrada entre o gancho e o botão, muito mais aparente). Cintura muito baixa, estilo "cocota", nós, 40forever, já usamos, não é? Mas isso num passado longínquo... Hoje em dia acho que uma cintura intermediária, que muitas marcas têm, favorece mais. Skinny jeans e calças brancas devem ser, de preferência, um número acima do seu habitual. E, optando por um modelo skinny, cuidado com os sapatos: você pode ir de linda pra monstro, em um segundo, se escolher errado! Olho também na bainha: se for muito curta, engorda e não enfeita. Para usar com sandália ou salto baixo, a solução é encurtar temporariamente a barra. Última recomendação: fofinhas devem preferir sempre as calças larguinhas, para evitar aquele visual atochado.

BROCHE, O POLIVALENTE

Ana Cecília de Magalhães Lins Lacerda

BROCHES SÃO ACESSÓRIOS SEMPRE CHIQUES QUE, bem usados, podem ficar descolados, jovens, charmosos e atuais. No detalhe de um decote, no lugar de um cinto no jeans, na cintura da saia ou do vestido, na pulseira improvisada, na bolsa de palha ou de cetim... Já usei de tantas maneiras diferentes que basta inspiração e a criatividade surge! Sempre descobrimos uma nova forma de usar! Pouco importa se são bijuterias ou joias! Eu adoro, e vocês?

PÉROLAS PARA SEMPRE

Ana Cecília de Magalhães Lins Lacerda

ELAS SÃO ETERNAS, MODERNAS E JOVENS. Toda mulher pode usar sem medo, da feira ao baile, de acordo com a produção. Existem variedades para todos os bolsos. São chiques, iluminam a mulher.

ÓCULOS PARA CHAMAR DE SEU

Ana Cecília de Magalhães Lins Lacerda

EIS UM ACESSÓRIO QUE NUNCA SE TEM DEMAIS. Primeiro porque a gente vive perdendo, então é sempre bom ser precavido e ter um (ou uns) ali no stand-by, caso seja necessário. Segundo, porque cumpre muitos papéis: "faz" uma roupa, fala da sua personalidade, esconde aquela cara de ontem e até pode dar uma dica sobre seu mood (para mim, ver alguém com óculos de sol num lugar fechado é como aquela plaquinha vermelha de "não, obrigado" da churrascaria Porcão). Resumindo: óculos são mesmo indispensáveis para sua saúde e para seu estilo. Escolha os seus considerando o formato do rosto, o tom da sua pele e uma eventual necessidade de correção da visão.

LENÇOS COM 1001 UTILIDADES

Maria Pia Marcondes Ferraz Montenegro

BEM COLOCADO, esse acessório muda totalmente o look. Adoro todos os tipos; outro dia, comprei um daqueles lindos de seda de Bali e vivo inventando novas maneiras de arrumá-lo. Já usei simplesmente amarrado ao pescoço e como vestido. Lenços podem virar blusas (os sáris nada mais são do que lenços amarrados), cintos, echarpes, cangas e até alças para bolsas que não as têm. Fica um charme! A rainha Elizabeth II adora usar um lenço na cabeça. Eles também fizeram muito sucesso enfeitando grandes atrizes, como Sophia Loren, Grace Kelly, Audrey Hepburn... Dá sempre um certo ar de musa misteriosa.

O FASCÍNIO DAS BATAS ORIENTAIS

Maria Pia Marcondes Ferraz Montenegro

ACHO QUE NO PASSADO devo ter tido uma alma *gypsy*, pois não posso ver nada com cara de cigana que adoro! Peças que vêm de Bali e da Índia me encantam com seus ares orientais, sempre originais. Gosto especialmente das batas, que ficam lindas com jeans e também podem ser usadas de forma habillée ou descontraídas, sem perder a elegância. Quanto mais estampada, mais discretos devem ser os acessórios.

TRENCHCOAT, O SEU (SEGUNDO) MELHOR AMIGO

Maria Pia Marcondes Ferraz Montenegro

NÃO DÁ PARA NÃO TER um em dias chuvosos ou apenas fresquinhos: o trenchcoat é uma peça essencial, clássica, despretensiosa, chique e muito útil! Foi desenvolvido para os soldados do exército britânico por Thomas Burberry no início do século XX. As alças nos ombros serviam originalmente para prender insígnias, enquanto os martingales no pulso eram usados para ajustar as mangas e evitar o frio e a umidade. O trenchcoat sempre me faz lembrar alguns clássicos, como Humphrey Bogart com Ingrid Bergman, num dos maiores filmes do cinema, *Casablanca*, e também Audrey Hepburn andando com Hubert de Givenchy às margens do rio Sena. É uma peça essencial para o guarda-roupa!

O MELHOR CONSELHO SOBRE ROUPAS...

Ana Cecília de Magalhães Lins Lacerda

...É DA DESIGNER AMERICANA de moda e de closets Melanie Charlton. Encontramos no blog da Tory Burch e quisemos compartilhar, porque vale a pena. Veja o que diz Melanie: "Depois dos 25 temos que parar de pensar em termos de tendências da estação e fazer nossas compras considerando *peças para investimento*. A mulher mais estilosa e chique é aquela que consegue juntar poucas e boas peças-chave."

UM MOCASSIM COM BRILHO PRÓPRIO

Maria Pia Marcondes Ferraz Montenegro

O HORSEBIT LOAFER, sapato mais icônico criado pela marca Gucci, comemorou há pouco seus 60 anos. Meu pai me deu o meu primeiro mocassim desse tipo, de couro marrom, lindo!, quando eu tinha apenas 10 anos, e fiquei encantada. Eu morava em Paris, no Faubourg Saint Honoré, com a minha mãe, ao lado da loja Gucci; todos os dias eu passava por ali e namorava a vitrine. Esse clássico foi desenhado em 1953 por Aldo Gucci, com a inspiração equestre de um bridão para adorná-lo, e esse modelo sempre foi um sucesso. Desde 1985, ele faz parte do acervo permanente do museu Metropolitan de Nova York. Coleções recentes trouxeram combinações de cores fortes e bastante variadas, novos materiais, muita camurça, verniz... mantendo, porém, o mesmo formato que fez desse calçado um fetiche!

› Só para lembrar: eles ficam lindos com calças cigarette, vestidos tipo tubinho ou minissaias, como eram usados nos anos 60. No verão, os mais coloridos são maravilhosos; no frio, os de camurça vão bem com uma calça de veludo. Chique de verdade é ser natural, e etiqueta demais tem efeito contrário; portanto, se usar um horsebit loafer, nenhuma outra marca pode aparecer. Ele se basta.

PARTE II

Casa & etiqueta

Abrir as portas da nossa casa para os amigos é sempre um prazer. Amamos mesas lindas e bem decoradas, com detalhes que encantam o olhar. Receber para nós é sinônimo de juntar gente querida num ambiente descontraído, sempre tentando caprichar e melhorar nossas receitinhas para deleitar nossos convidados!

Etiqueta Moderna
(MESMO)

Para nós, 40forever, etiqueta é simplesmente um conjunto de regras racionalmente criado, por necessidade: são ferramentas úteis e práticas para a convivência com gentileza e civilidade.

EM DEFESA DE "MY FAIR LADY"

Bebel Niemeyer

MINHA SÁBIA MÃE, SONIA BITTENCOURT, passou a vida me dizendo: educação é uma questão de generosidade (tese 1), e as regras de boas maneiras decorrem do bom senso (tese 2). Assim, quando doa a vez numa fila, resulta num gesto de boa educação que incorre na tese 1. Já quando, à mesa, põe o garfo à esquerda e a faca à direita do prato, para já pegá-los na posição confortável e correta, comprova a tese 2.

Lembram-se do divertidíssimo filme *My fair Lady*, em que a divina Audrey Hepburn, na pele da vendedora de flores Elisa Doolittle, tinha que aprender a ser princesa em apenas um mês? Ou as tias de Gigi, do romance homônimo da maravilhosa Colette, e seus ensinamentos um tanto duvidosos no preparo da sobrinha cortesã? Pois desde que o mundo é mundo esse aprendizado é uma preocupação, principalmente no competitivo século XXI em que vivemos, no qual o detalhe faz a diferença. No Rio, e em qualquer grande cidade brasileira, é possível ter acesso a bons cursos que ensinam os fundamentos da etiqueta – e eventualmente um pouco mais. Nós, 40forever, achamos que vale a pena cultivar esse diferencial, mas nunca é demais lembrar que nenhum curso funciona se a bondade da alma não estiver a postos!

O ELOGIO DA PONTUALIDADE

Ana Cecília de Magalhães Lins Lacerda

TENHO UMA CARACTERÍSTICA QUE, a essa altura do campeonato, no Brasil, já estou na dúvida se é um defeito ou uma qualidade: sou pra lá de pontual! Chego sempre um minuto adiantada, de tão paranoica com horário que sou. Até quando tenho certeza absoluta de que vou mofar esperando, chego na hora, para desespero meu e das minhas amigas. Algumas mulheres da minha família são famosas pelo atraso, a ponto de brincarmos que elas trabalham com outro fuso horário: Tóquio-Rio!

Falando sério, agora: acho que é uma tremenda qualidade. Li certa vez no jornal *O Globo* uma entrevista com o pai da Gisele Bündchen (aliás, muito boa!), na qual ele contava sobre a forma como educou as filhas e a ênfase que sempre deu à pontualidade. Não sem motivo, entre os vários elogios que Gisele recebe das muitas pessoas com quem trabalha, um dos mais frequentes destaca seu profissionalismo e o fato de, salvo em circunstâncias extraordinárias (um voo cancelado; uma doença súbita), ela sempre chega na hora. Disse o senhor Valdir: "Ser pontual é a maior forma de consideração que você pode demonstrar pelo próximo."

Tenho uma amiga que vive atrasada para seus compromissos aqui no Rio; no entanto, essa mulher, que viaja muito, lá fora não atrasa nem um milésimo de segundo, porque se o fizer não será mais convidada pra nada! Ou seja: quando quer, a pessoa consegue ser pontual! Em certos círculos, essa mania de chegar atrasada virou sinônimo de ser chique, mas na verdade a pessoa é apenas... mal-educada. O segredo é não sair atrasada de casa ou do trabalho, a não ser por motivo de força maior! (Este comentário é dedicado às minhas atrasadas amadas: please, cheguem na hora!!!)

E as noivas, podem? Tem gente que acha que elas gozariam do privilégio da impontualidade. Eu acho que não. Porém, o fato é que, na maioria das vezes, elas atrasam para esperar que os convidados encham a igreja – o que já dá a dimensão do problema. Para ilustrar meu compromisso com a pontualidade, conto uma história pessoal. Meu casamento estava marcado para as 7 da noite na minha casa. Havia duzentas pessoas, e antes do horário a maioria já tinha chegado, pois avisei que não atrasaria. No entanto, os "Canarinhos de Petrópolis", que viriam cantar na cerimônia, estavam retidos na estrada por causa de um acidente. Às 7 em ponto meu pai olhou pra mim e disse: "Vamos descer". Assim, sem música, sem ninguém entender nada, pois não sabiam o que estava acontecendo, eu desci as escadas e entrei na sala. Os "Canarinhos" chegaram a tempo para cantar no final da celebração, ou seja, música o tempo todo só do DVD, devidamente editado!

MEU QUERIDO CELULAR

Maria Pia Marcondes Ferraz Montenegro

NOSSOS CELULARES fazem parte do nosso cotidiano e guardam alguns segredinhos. Hoje são amigos, parceiros, passatempo, informantes e guias. Não me lembro de como sobrevivíamos sem eles no passado. O fato, porém, é que mudaram nossa vida para melhor e para pior. O lado positivo é que as distâncias ficaram menores. Podemos saber instantaneamente onde estão nossos filhotes, receber a foto do amigo que viajou para Nova York, acompanhar o desempenho da Bolsa de Valores ou o resultado de um jogo de futebol. Por outro lado, a privacidade virou uma raridade, todos nos acham em qualquer lugar, em qualquer cidade ou país deste planeta. Estamos acessíveis para todos e a qualquer momento. Por isso, existem algumas regras básicas a serem observadas para que esse instrumento não nos atrapalhe. Para mim, são quase as mesmas que sempre valeram para o uso do telefone fixo anos atrás, adaptadas à realidade de hoje: não ligar para ninguém no horário das refeições nem após as 21 horas – afinal, se você não é médico ou não tem alguém doente na família, não há telefonema que não possa esperar uma ou duas horas; deixar o telefone no silencioso durante as refeições quando estamos num restaurante ou numa mesa com amigos; e conversar sem checar de dois em dois minutos o celular.

Temos muita dificuldade em curtir o momento presente; ficamos sempre preocupadas com o que está acontecendo em toda parte, com o lugar onde *não* estamos e com o que estamos perdendo. O imediatismo da nossa época nos impede de aproveitar momentos incríveis e importantes com pessoas amadas que estão à nossa volta. Temos que aprender a aproveitar o AGORA enquanto o estamos vivendo. Temos que ser mais relax e aprender a esperar o momento certo para descobrir se o mundo acabou ou se ainda dá para curtir o namoro! Temos que nos policiar para não incomodar o outro, não falar alto, não checar e-mails sem parar, não entrar no instagram e tirar foto após foto. Meu convite é para deixarmos a vida acontecer naturalmente como ela tem que ser... A verdade é que o celular pode tanto aproximar os que estão longe como afastar os que estão perto, por isso faça bom uso dele.

SE NÃO TIVER JEITO, ATENDA. MAS COM PRIVACIDADE

Maria Pia Marcondes Ferraz Montenegro

VIVO DIZENDO que o vício em celular virou um problema de educação, aliás, de falta de educação. Entretanto, muitas vezes fica realmente impossível não atender a uma chamada dos filhos, do marido ou mesmo responder um sms. Você pede licença e vai atender o telefone ou responde o sms ali mesmo. Surge então um novo problema: a tela do telefone é clara e grande o suficiente para quem está a seu lado ler o que você recebeu ou está respondendo. Isso é muito chato. Falta de privacidade total! Como isso me incomodava, fiquei feliz ao descobrir que o fabricante do meu celular tem um protetor de tela à prova de curiosos, que cria uma sombra na tela, impedindo a visualização. O acessório para iPhone chama-se 3M Privacy Screen Protector e está à venda nos revendedores Apple.

A ARTE DE COLOCAR UMA BOA MESA

Maria Pia Marcondes Ferraz Montenegro

UMA MESA BEM-POSTA É UMA ARTE que é sempre bom lembrar. Os garfos são arrumados sempre à esquerda (a única exceção é o de ostra, que fica à direita) e em ordem de uso, de fora para dentro. As facas sempre ficam à direita, também em ordem de uso, bem como a colher para sopa. Ao sentar à mesa, só de olhar a arrumação dos talheres já podemos identificar o que será servido. No caso da nossa ilustração na página seguinte, o primeiro prato será ostras, seguido de uma sopa, peixe e por último uma carne; basta observar a ordem dos talheres, de fora para dentro.

Quando os talheres de sobremesa são colocados sobre a mesa desde o início da refeição, as posições são simples. Imagine o seguinte: é como se dançassem balé com os talheres que estão ao lado. A faca "desliza" primeiro, saindo da direita e entrando logo acima do prato; em seguida, é o garfo que "desliza", posicionando-se acima da faca; por fim, a colher entra acima do garfo. Se não precisar da faca, use só o garfo e a colher.

O pratinho de pão sempre estará à esquerda, e os copos à direita, começando pelo de água. A regrinha de adivinhar o que será oferecido também vale para a disposição dos copos: neste caso serão servidos água, vinho branco, vinho tinto e champanhe; copos de licor, conhaque e uísque não vão à mesa. O guardanapo pode ser colocado à esquerda ou sobre o prato, para ser desdobrado e posicionado no colo de cada convidado assim que tiver sentado à mesa. Guardanapos de tecido são sempre preferíveis, mesmo que o jantar ou almoço seja informal e a mesa posta com jogos americanos.

O jantar é de prato único? Nenhum problema. Basta um garfo e uma faca e, se for peixe, usar os talheres de peixe.

RECEBER COM ELEGÂNCIA

Ana Cecília de Magalhães Lins Lacerda
Bebel Niemeyer
Maria Pia Marcondes Ferraz Montenegro

ARRUMAR UMA LINDA MESA pede bom gosto e conhecimento, mas receber bem é muito mais abstrato e mistura vários ingredientes, como numa receita. Não importa onde se esteja, porém, o primeiro passo, e mais o importante, é fazer com que os convidados se sintam à vontade; até mesmo num ambiente de grande formalidade é preciso haver um mínimo de descontração! Sem pretensão de querer ensinar nada, sugerimos dicas simples que fazem, na nossa opinião, uma pequena diferença...

> *Velas devem ser usadas à noite, jamais de dia*! Ou seja: nunca, em hipótese alguma, acenda velas em almoços e, de preferência, mantenha-as longe da mesa durante a refeição do dia. Enfeite com flores ou objetos, ou simplesmente com nada. Já as versões perfumadas estão liberadas a qualquer hora; no entanto, podem interferir no aroma da comida, e o melhor é reservá-las para o hall de entrada, a sala de visitas e o banheiro social. AC

> *Coloque uma pequena lata de lixo no banheiro social*. Certa vez, fui a um almoço e precisei descartar algo. Como não havia nenhum recipiente apropriado, minha bolsa acabou se tornando a lata

de lixo de que eu precisava. Desde então, recomendo ter sempre uma pequena lixeira, bonitinha – há algumas de palhinha, muito simpáticas, mas pode ser de qualquer material, porque até feia é melhor do que nada. Lenço de papel também é bom ter por perto. AC

› *Remédios: se precisar, tem.* Ainda no assunto banheiro social, costumo colocar um potinho de louça, sutil e elegante, com medicamentos básicos para trazer conforto num jantar ou almoço: antitérmico, analgésico, auxiliares da digestão. Que convidado não se sente acolhido com esse pequeno cuidado? Toalhas engomadas são outro detalhe, bem como velas, sprays ou flores para perfumar o ambiente (eu adoro angélicas). O cestinho com papel higiênico reserva deve ser discreto, mas tem que estar encontrável. MP

› *Prepare a mesa de centro.* Provavelmente seus convidados passarão pela sua sala e olharão para a mesa de centro, que também tem a função de encantar e surpreender! Quando arrumo a minha, o primeiro passo é percorrer a casa observando os objetos que tenho e decidindo quais usar na decoração. Adoro organizar tudo em pares, portanto sempre coloco um par de castiçais, de garrafas, minivasinhos... e caixas de vários tamanhos. Livros sempre haverá, mas que sejam divertidos, com imagens coloridas, para entreter enquanto a anfitriã se apronta; e não coloque nada sobre eles, facilite o acesso! Não esqueça dos cinzeiros, para os últimos fumantes. E flores, sempre flores, porque não vivo sem elas. MP

› *Jogos americanos ou toalhas de mesa?* Os dois são ótimas opções, pois é o material ou tecido que ditará se a refeição é mais informal ou sofisticada. Use e abuse de palha, linho, algodão e afins para o dia (embora também combinem com jantares mais descontraídos à noite) e separe materiais mais requintados, como renda, organdi, brocados, bordados mais intrincados e cetim, para ocasiões especiais à noite. **AC**

> *De papel, sem preconceito!* Já existem no mercado jogos americanos de papel, que podem até ser personalizados e se revelam insubstituíveis em situações como: um fim de semana numa casa de praia onde nunca pisamos; um "déjeuner sur l' herbe" para o qual você nem foi convidada, mas seus filhos foram, e é preciso "produzir" o campo, quer dizer, a mesa; um passeio de barco no qual será possível variar os looks dos almoços *al mare*; e por aí vai. E por que não considerá-los no nosso dia a dia? É só deixar a caretice de lado e lembrar que o século XXI já é teen e clama por inovações como essa. **BN**

> *Disponha um forro sob toalhas de mesa e jogos americanos.* Assim você evita que fiquem sambando na mesa! Uso sempre um forro de flanela branca firmando as toalhas. Já sob os jogos americanos, prefiro forros de cetim e flanela porque dão um acabamento melhor. É uma providência simples e fácil que traz conforto aos convidados e tranquilidade à anfitriã. **AC**

> *Combine peças de vários jogos.* Adoro mesas com louças misturadas e copos coloridos de tons diferentes; acho o resultado

sempre charmoso. Quando recebo alguém, gosto muito de servir a entradinha numa louça, o prato principal em outra e a sobremesa num terceiro jogo. É uma novidade a cada prato, o que cria uma expectativa deliciosa nos convidados. Tenho o hábito de comprar louças em antiquários, que nem sempre têm o serviço completo, e não vejo nenhum problema nisso. Fica supercharmoso. **MP**

› *Capriche nos arranjos de flores.* Eles trazem alegria e enfeitam qualquer mesa, porém tenha o cuidado de usar buquês baixos em almoços e jantares nos quais os convidados ficarão sentados, para não atrapalhar a visão e, consequentemente, a conversa com quem está do outro lado da mesa. Já se for uma refeição para mais gente, em pé, arrase em arranjos espampanantes e altos. **AC**

› *E por falar em flores...* Tenho uma amiga, Patrícia Peltier, que incrementa a arrumação de seus já extraordinários vasos de orquídeas misturando-as a outras folhagens, como costelas-de-adão, areca, imbira, o que tiver à mão. Os ramos são cortados e fincados na terra, de forma harmoniosa, acrescentando o volume que a natureza não deu ao arranjo e que fará toda a diferença. Detalhe: no cotidiano, essa prática pode afetar as nossas flores prediletas. É um truque divino para dias de festa ou simplesmente para quando nossos vasos já estão batendo pino! **BN**

› *Temáticos estão na moda.* Recentemente, um leitor do nosso blog ofereceu um jantar mexicano cuja inspiração era a pintora mexicana Frida Kahlo. À mesa, uma profusão de cores e texturas, com materiais e louças de diversas origens, de mercados de rua a lojas sofisticadas. O resultado, original, alegre e colorido, com girassóis de verdade e borboletas de papel, nos faz lembrar que a criatividade conquista corações. **AC**

> *Sinalize o lugar de cada convidado.* Adoro ficar imaginando quem vai se entrosar com quem numa mesa grande e, para garantir que será como pensei, valorizo a colocação de plaquinhas indicando quem  se sentará onde. Não precisa ser nada requintado, mas deve mostrar capricho por parte do anfitrião. Certa vez, num jantar informal e de última hora na minha casa, colhi folhas no jardim e escrevi os nomes de meus convidados com cola prateada – foi um sucesso! Está na moda usar pequenos vasos individuais com flores para indicar os lugares – tenho visto muito! **MP**

> *Torradinhas chegam no último minuto!* Se for oferecer torradinhas ou grissinis aos convidados, que sejam o último detalhe a completar a decoração da mesa. Assim não amolecem e mantêm a crocância. Quando a mesa tem muitos elementos e parece que não cabe mais nada, uma boa sugestão é arrumar os grissinis dentro de copos altos e finos, que substituem honrosamente os pratinhos de pão. **BN**

> *Não tem coisa mais prática do que um bufê.* Mesmo quando a mesa está toda posta, com os lugares marcados, talheres, pratos e copos a postos, um aparador com as travessas facilita, agiliza e descontrai o ambiente! Na primeira vez não, mas, quando a pessoa levanta da mesa para voltar ao bufê, os talheres – garfo e faca – vão junto com o prato! **AC**

> *Marque o que será acomodado em cada travessa no bufê.* É só para informação interna: ao posicionar as baixelas sobre o bufê (antes de os convidados chegarem, claro!), coloque um

bilhetinho sobre cada uma indicando que ali será colocado o peixe, naquela outra o risoto... e assim seus assistentes não erram, criando tensões desnecessárias num dia de festa. A dica imperdível é de uma grande amiga, a embaixatriz Yolanda de Arruda Botelho Massot. **MP**

› *Surpreenda mesclando o simples e o luxuoso.* Uma sobremesa unânime, que agrada a convidados brasileiros e estrangeiros da mesma forma, é o brigadeiro; sim, ele mesmo, nosso doce mais típico de festas infantis! Uma amiga que faz mesas maravilhosas, a decoradora Ana Paula Leão Teixeira, certa vez, num jantar, serviu essa pequena maravilha brasileira num recipiente de cristal antigo, requintadamente instalado sobre um prato com pé dourado. O contraste da simplicidade da escolha com o luxo da apresentação cativou os convidados e vale para outras delícias da nossa cozinha, como quindim, doce de coco... **MP**

› *Providencie uniformes limpos, passados e simples.* Aliás, quanto mais simples, mais chiques. Luvas nos copeiros, num país tropical como o nosso, é muito cafona! Assim como excesso de "alegorias e adereços": laços, toucas, babados, dólmãs coloridos... Socorro!!! **AC**

› *Chamar sim, mas com discrição.* Para chamar com discrição o copeiro durante um jantar à mesa, uso um truque que aprendi com minha mãe: numa caixinha de prata, ao alcance da mão, coloco uma campainha sem fio para chamá-los. Não é uma boa ideia? Não preciso dizer, mas digo: é só para situações muito formais. **MP**

› *Deixe sua mensagem.* Nos meus jantares e almoços, coloco sempre à vista um livro de assinaturas para que meus convidados possam escrever comentários. Palavras de carinho dos amigos são recordações que nos acompanham pela vida toda. **MP**

› *Deus está nos detalhes.* Buquês de flores, balas e chocolates espalhados estrategicamente pelos ambientes da casa são sempre bem-vindos e fazem sucesso! **AC**

O SEGREDO PARA MONTAR CARDÁPIOS INESQUECÍVEIS

Bebel Niemeyer

ORGANIZAR MENUS NO DIA A DIA, ou quando tenho poucos convidados, é um desafio porque, antes de tudo, devemos tentar agradar a todos.

Comecemos pelo diário. Quando vou às compras semanais de hortifrúti e supermercado, levo um bloquinho onde anoto os menus que monto na hora, de acordo com os produtos que vou comprando. Assim, saio do mercado com todo o cardápio semanal organizado e acabo gastando menos, pois levo somente o que será consumido (tirando o basicão, é lógico).

Como minha família almoça espartanamente, por falta de tempo, compenso com um jantar frugal *ma non troppo*, seguindo sempre a mesma fórmula: entrada, sopa pra lá de light, segundo prato (1 proteína + 1 legume + 1 carboidrato + salada), sobremesa e fruta.

Dessa maneira, a refeição fica balanceada, contendo todos os nutrientes de que necessitamos. O truque é caprichar no tempero caseiro, cozinhar da maneira mais simples e saudável, variar os ingredientes e menus e trazer sempre uma novidade: oi, livros de receitas! Não vivo sem eles. Detalhe: é no dia a dia que treino, com a maravilhosa Irene Lopes, minha assistente, os novos pratos que encantarão minha família à mesa, sendo que eles também nos servirão nos dias em que tivermos visita.

Quando tenho convidados para uma refeição à mesa, dou uma incrementada no esquema acima e monto o cardápio assim:

- SALGADINHO: 1 frio e 1 quente; adoro servir, por exemplo, canoinhas de tapioca com algum recheio simples. São fáceis de fazer e têm um carimbo brasileiro, chique!

- ENTRADA: algo que seja divino, mas que não sacie, pois vamos seguir em frente. Falo de sopa, suflê, mousse, pudim, torta, empadinha, panqueca, um legume especial, como a alcachofra, *una pasta da mamma* ou o que mais a sua fértil imaginação produzir.

- SEGUNDO PRATO: escolho, para começar, a famosa *pièce de résistance*, ou melhor, a estrela do dia, e o resto gira em torno dela. Pode ser um peixe, uma carne, uma caça ou uma ave, acompanhado de acordo com seu paladar por um legume, mais um carboidrato (arroz, massa, uma raiz tipo batata, aipim ou inhame, ou ainda quinoa, cuscuz, farofa etc.) e mais uma salada de folhas variadas, com um belo tempero.

- SOBREMESA: procuro oferecer sempre dois doces e um prato de frutas. Mas, às vezes, complemento uma só sobremesa com docinhos espalhados pela mesa: são deliciosos e bonitos de ver. Quer um exemplo? Brigadeiros, macarons, bem-casados, miniquindins...

- PARA TERMINAR, café ou uma infusão caseira. No verão, por exemplo, adoro uma infusão de cravo e canela, servida bem gelada, que já virou marca registrada lá de casa. Outra ideia eficiente e charmosa que faz muito sucesso é preparar infusões à la carte. Funciona assim: em potes, cestos ou no que sua imaginação mandar, ponha três ou quatro ingredientes que se prestem a essa prática, tais como folha de hortelã, casca de laranja, casca de limão-siciliano ou galego (cortada em tiras fininhas), cravo, canela, capim-limão etc. Prepare um bule só com água quente e ofereça os ingredientes para que cada convidado produza a sua infusão, servindo-os na xícara de chá. Amo misturar mais de um e fazer meu personal blend. Depois despeje a água quente e espere um pouquinho para liberar o aroma e o sabor das folhas e cia. Saudável e digestivo, faz também o maior sucesso!

Alguns detalhes:

- Tudo D.O.C. (de origem caseira) é mais saudável e elegante, por isso tento fazer o que posso em casa. Comida caseira bem-feita é uma verdadeira delícia e chiquérrima. Muito melhor que um prato complicado e malfeito.

- Para evitar zebras, sempre procuro montar meus cardápios com pratos que já estou acostumada a fazer, nunca esquecendo que brasilidade é um must. Nossa gastronomia é rica e saborosa.

- Evito repetir ingredientes e o tipo do prato. Assim, se um salgadinho tiver queijo, ele não aparecerá mais na refeição. Se servir um suflê de entrada, não posso repetir suflê na sobremesa, ou se tiver empada para começar, evito outra massa no segundo prato. Se uma sobremesa for de chocolate, faço a outra com ovos, frutas etc.

- É meio demodê, mas ainda acho harmonioso: tento não repetir as cores das comidas.

- Os pratos do jantar devem ser mais leves que os do almoço. Assim, à noite, evito servir rabada, dobradinha, cozido ou feijoada.

- Considere sempre a estação do ano: saladas elaboradas são perfeitas para o nosso verão, assim como suflês e caças combinam mais com o friozinho.

- Tenho sempre um plano B preparado, para o caso de meu convidado não comer de tudo ou ter alguma alergia. E, por falar nisso, evito fazer como única opção frutos do mar, ingrediente a que muitos são alérgicos.

- Essas regras devem ser adaptadas de acordo com as circunstâncias: se você for a rainha do cozido ou do picadinho, esqueça a entrada e faça apenas um prato, no capricho, que vai abafar. São comidas intransitivas, que dispensam preâmbulos. Da mesma forma, algumas anfitriãs requintadíssimas em vez de cumprirem o ritual dos três pratos (entrada, prato principal e sobremesa) oferecem, no verão, três entradas leves mais sobremesa; quando somadas, equivalem ao esquema tradicional: é o bom senso em ação.

- Seguindo o raciocínio acima, se sirvo um nhoque de entrada, por exemplo, procuro compor um segundo prato mais leve, e vice-versa, para a sensação de plenitude equivaler.

- Como minha mesa de jantar é muito estreita, recorro a "empratados". Não é o ideal, mas é a minha realidade. Mas só para entradas e sobremesas. Sempre sirvo o segundo prato em travessas para que todos possam repetir: generosidade à mesa é sempre bem-vinda. Sempre rearrumo as travessas para o segundo round: capricho também é indispensável nas refeições.

- Tenho um caderno no qual anoto os detalhes de cada almoço e jantar, incluindo nele os menus e os convidados. Assim, cuido para que eles não comam sempre o mesmo quando vierem à minha casa.

- Mas o melhor mesmo é fazermos tudo caprichado, com o coração e do nosso jeitinho: essa é a fórmula da verdadeira elegância.

Quando tenho muitos convidados, o que, no meu caso, significa até quarenta pessoas, faço o seguinte:

OPÇÃO 1

Adoro o cardápio de bufê à moda antiga, que segue as regras sábias do tempo do onça, servindo a todo mundo e, ao mesmo tempo, atendendo a cada um. Chamo de "bufê" o tradicional sistema de dispor toda a comida sobre uma só mesa, geralmente a de jantar. Uso esse sistema quando o número de convidados é maior do que os lugares à mesa. Quando o convidado não conta com o apoio de uma mesa para comer, evito ao máximo servir pratos que exijam "manobras" para serem "destrinchados"; quanto menos faca, melhor. Organizo a comida assim:

- CANAPÉS: 3 quentes e 3 frios.
- COMIDAS SALGADAS: 1 prato do mar (peixe ou frutos do mar); 1 prato de carne; 1 prato de ave; 1 massa; 1 prato para quem está de dieta (simplifico fazendo o peixe ou a carne para suprir essa necessidade); salada; acompanhamentos que combinem com todos.
- SOBREMESAS: 3 variedades de doces, de naturezas diferentes; 1 prato de frutas lindamente arrumadas (antigamente, frutas só

podiam ser servidas no almoço, mas ainda bem que esse crime prescreveu!).

OPÇÃO 2

Amo também quando o cardápio é baseado em um destes pratos generosos, que só atendem a muita gente e com louvor: cozido, feijoada, picadinho, cassoulet… os intransitivos, lembram? Não precisam, em tese, de mais ninguém. Mesmo assim, tenho sempre uma massa e uma salada a postos. Para a sobremesa, sigo o esquema formal da opção 1 ou faço uma brincadeira, como variações sobre um mesmo tema: sirvo, por exemplo, seis tipos de doces com frutas, como compotas, bananada, goiabada puxa-puxa, batata-roxa, doce de abóbora, de coco etc., acompanhados de três tipos de queijos que combinem. Mais o prato lindo de frutas.

OPÇÃO 3

Esta é híbrida. Quando quero fazer um prato menos pop, tipo rabada, dobradinha ou moqueca, ofereço uma opção de peixe e acompanhamentos, no caso da rabada e dobradinha, ou de carne e acompanhamentos, no caso dos frutos do mar. Para sobremesa, as das opções 1 ou 2 vão muito bem.

OPÇÃO 4

Gosto muito de um bufê temático, com comida árabe, japonesa, chinesa, portuguesa, baiana, mineira etc. Nesse caso, mando ver e cubro a mesa de iguarias da "nacionalidade" escolhida. Para sobremesa, sigo o mesmo rumo, escolhendo os doces típicos da mesma região.

OPÇÃO 5

É a que você estiver acostumada a servir, a prata da sua casa. Faça-a com todo carinho, uma certa coordenação e corra para os aplausos: essa fórmula não tem erro.

QUATRO MENUS ESPECIALÍSSIMOS

*Ana Cecília de Magalhães Lins Lacerda, Bebel Niemeyer
e Maria Pia Marcondes Ferraz Montenegro*

SE NOSSAS DICAS INSPIRARAM VOCÊ, aproveite também estas ideias de cardápios montados com receitas criadas por nós ou cedidas por amigos queridos. A maioria é muito fácil de fazer, e o resultado sempre impressiona!

JANTAR ROMÂNTICO PARA DOIS
Bebel Niemeyer

SALADA DE VERÃO, DE PEDRO ROSMAN

INGREDIENTES

6 folhas de alface lisa
½ melancia baby
5 folhas de alface americana
10 folhas de rúcula
6 folhas de hortelã
6 folhas de manjericão grande
500 g de queijo feta (de cabra)
4 colheres (sopa) de azeite extravirgem
1 colher (sopa) de azeite balsâmico glacé

PREPARO

Lave a alface e seque no girador de folhas. Com o boleador, faça bolas usando a polpa da melancia e, depois, acerte as bordas para transformar o que restou da fruta em um bowl. Reserve. Rasgue as folhas, já sequinhas, e tempere-as com sal a gosto, duas colheres do azeite e ½ colher do balsâmico glacé. Tempere, separadamente, as bolas de melancia com 2 colheres de azeite e ½ colher de balsâmico glacé. Misture as folhas, as bolas de melancia e o queijo feta e sirva no bowl de melancia. **BN**

TRUTA EMPANADA RECHEADA COM QUEIJO DE CABRA, DE NIZIA E RONALDO VILELA

INGREDIENTES

4 trutas ao natural
(sem serem defumadas; prefira as menores)
limão, sal, pimenta-do-reino e alho a gosto
150 g de pistache (ou noz-macadâmia)
150 g de farinha de rosca
2 ovos batidos juntos
farinha de trigo e óleo de canola (ou milho, ou girassol)
120 g de queijo de cabra cremoso
2 colheres (sopa) de salsinha e cebolinha picadinhas

1 colher (sopa) bem cheia de requeijão (mole)
50 g de creme de leite
150 g de amêndoa torrada em lascas

PREPARO

Retire com cuidado a pele da truta, que já deverá estar fatiada em dois filés e sem as espinhas. Tempere os dois filés inteiros de cada truta com gotas de limão (pouco), sal, pimenta-do-reino e um pouco de alho e reserve.

Em seguida, triture grosseiramente o pistache (ou a noz-macadâmia) e misture à farinha de rosca. Reserve. Polvilhe com farinha de trigo as duas metades (filés) da truta unidas, passe no ovo batido e, em seguida, na mistura da farinha de rosca e pistache (ou noz-macadâmia), comprimindo bem para a mistura aderir à truta. Frite as duas metades unidas rapidamente em óleo bem quente. Reserve. Numa tigela, misture o queijo de cabra com o requeijão e as ervas. Com cuidado, abra as duas metades e recheie a truta com a mistura (pelo menos um dedo de altura). Una as duas metades, recompondo a truta, acomode o peixe delicadamente numa assadeira e leve ao forno quente para derreter um pouco o recheio. Retire da assadeira os resíduos do queijo e misture o creme de leite, fazendo um caldo cremoso. Reserve.

Sirva com purê de batata baroa ou inglesa preparado à sua moda.

Coloque uma porção individual do purê no centro de cada prato e sobre ele, a truta. Cubra com o caldo-creme da assadeira (resíduos do queijo + creme de leite). Polvilhe cada truta e o caldo-creme ao redor dela com as lascas de amêndoas torradas.

OPCIONAL

Com a pele inteira de cada filé da truta, faça um torresmo à pururuca, fritando em óleo bem quente (fica bem sequinha). Espete um torresmo no purê em cada prato. Sirva. **BN**

MOUSSE DE MANGA COM CALDA DE MENTA, DA TIA ELISINHA

INGREDIENTES

4 claras
4 colheres (sopa) de açúcar União light
1 saquinho de gelatina em pó sem sabor
3 mangas haden (ou similar, com pouca fibra) maduras, mas ser ter passado do ponto
1 lata de creme de leite Nestlé
1 lata de leite condensado

PARA A CALDA DE MENTA

2 xícaras de açúcar
3 xícaras de água
½ xícara de licor de menta Stock ou similar

PREPARO

    Bata as claras em neve com o açúcar light até o ponto de suspiro e reserve. Dissolva a gelatina em água fria e, depois, por 2 minutos em banho-maria; reserve. Pique as mangas em pedaços miúdos e bata, no liquidificador, com o creme de leite e o leite condensado; reserve. Numa tigela média, misture delicadamente, com uma colher de pau, o creme de mangas, as claras em neve e a gelatina dissolvida. Pegue uma forma de pudim ou o recipiente que lhe agradar e passe em água gelada. Tire a água, mas sem enxugar. Despeje a mistura e leve à geladeira por 3 horas, antes de servir.

Para a calda: leve ao fogo a água com açúcar até formar bolhas grossas. Diminua o fogo e coloque o licor de menta. Aumente novamente a chama, misture tudo e mexa durante 2 minutos. Então desligue o fogão, senão a calda cristaliza. Pode jogar a calda por cima da mousse ou servi-la na molheira, separada. É como eu prefiro, fica mais democrático, porque vai que alguém não curte a mistura! BN

ALMOÇO LIGHT COM AS AMIGAS

Ana Cecília de Magalhães Lins Lacerda e Bebel Niemeyer

TOMATINHOS RECHEADOS COM RICOTA SOBRE LEITO DE SAL GROSSO

INGREDIENTES

20 tomates-cereja cortados ao meio,
sem separar as metades
ricota temperada a gosto com sal e pimenta-do-reino
folhas de manjericão para enfeitar
1 pacote de sal grosso

PREPARO

Recheie cuidadosamente os tomates com a ricota temperada, espete um raminho de manjericão em cada um e sirva numa tigela sobre um leito de sal grosso. AC

SOPA FRIA DE LARANJA, CENOURA E GENGIBRE
INSPIRADA EM JOSÉ HUGO CELIDÔNIO

INGREDIENTES

4 cenouras médias
6 laranjas-pera
½ colher (sopa) de tempero pronto Fondor Maggi
½ colher (sobremesa) de gengibre ralado
sal e pimenta-do-reino a gosto

PREPARO

Raspe as cenouras para retirar a casca, cozinhe-as até que fiquem macias, escorra e reserve. Esprema as laranjas. No liquidificador, bata as cenouras com o suco de laranja, o tempero pronto, o gengibre, a pimenta-do-reino e o sal até formar um creme não muito grosso. Se passar do ponto, dilua com mais suco de laranja. Leve à geladeira e retire 15 minutos antes de servir.

Se desejar, misture algumas tirinhas finas de cenoura e da casca da laranja. BN

YAKISOBA, DA IRENE

INGREDIENTES

1 kg de camarão limpo, sem casca
4 dentes pequenos de alho socados
1 maço de coentro
1 cebola média picada
½ xícara de molho shoyu light
1 ou mais pacotes de brotos diversos, como alfafa e mostarda
ou alfafa e brócolis
azeite extravirgem a gosto
1 pacote de espaguete de arroz (harussame)
½ maço de cebolinha, cortada ao meio no sentido
do comprimento, para decorar
2 tomates sem pele
pimenta-do-reino a gosto

PREPARO

Tempere os camarões com 1 dente de alho e um pouco do coentro. Numa panela, doure a cebola e 2 dentes de alho, deixando clarinho, sem queimar; acrescente o camarão temperado e um pouco do shoyu e reserve. Em outra panela, junte todos os brotos, bem lavados, e deixe cozinhando no vapor, por 1 hora, em fogo brando. Depois de cozido, escorra muito bem para o yakisoba não ficar aguado e refogue com 1 dente de alho e um pouco de azeite. Junte aos camarões.

Cozinhe o macarrão conforme as instruções do pacote. Depois, refogue com um pouco de coentro e molho shoyu. Junte aos brotos e aos camarões. Decore com a cebolinha, ponha numa linda travessa e vá colher os louros (não o tempero, mas os aplausos) por essa delícia! **BN**

ESPUMA DE MORANGOS, DE KATIA FARO

INGREDIENTES

5 folhas de gelatina sem sabor
1 ½ xícara de água
1 caixa de morangos
5 colheres (sopa) de adoçante em pó para uso culinário, como Assugrin ou Tal e Qual
¼ de iogurte natural desnatado
½ xícara de ricota
½ xícara de leite em pó desnatado
1 clara batida em neve

Num recipiente, dissolva a gelatina em 1 xícara de água fervente e reserve. Lave e tire os cabinhos dos morangos, cortando-os em pedacinhos e deixando alguns para decorar. Leve os morangos ao fogo com 2 colheres (sopa) do adoçante e mexa de vez em quando até desmancharem, formando uma geleia. No liquidificador, bata o iogurte, a geleia de morangos, a ricota e a gelatina dissolvida. Coloque num recipiente e leve à geladeira por 30 minutos. À parte, bata o leite em pó com a água restante e adicione 4 colheres (sopa) do adoçante. Bata a clara em neve. Retire da geladeira a mistura de iogurte e ricota e junte à clara batida, tudo com cuidado. Distribua a espuma em taças individuais e enfeite cada uma com um morango. **BN**

JANTAR PARA IMPRESSIONAR!

Ana Cecília de Magalhães Lins Lacerda e Bebel Niemeyer

SALADA DE BETERRABA COM PRESUNTO DE PARMA

INGREDIENTES

1 beterraba com a rama
presunto de Parma em pedaços, a gosto
queijo Grana Padano a gosto
azeite, aceto balsâmico e flor de sal a gosto

PREPARO

Lave as folhas da beterraba e deixe de molho em água até amolecerem, por cerca de 30 minutos. Cozinhe a beterraba, *al dente*, e corte em rodelas.

Rasgue as folhas e disponha sobre elas as rodelas de beterraba, o presunto de Parma e, por cima, rale o queijo na parte grossa do ralador. Tempere a gosto, sirva e deleite-se! **BN**

RISOTO DE PATO COM ALHO-PORÓ CROCANTE, DE ANDREA TINOCO

INGREDIENTES (PARA 4 PESSOAS)

½ cebola pequena picada
50 g de manteiga
2 colheres (sopa) de azeite extravirgem
380 g de arroz arbóreo
1 xícara de vinho merlot
1 ½ xícara de caldo de carne
200 g de shiitake em cubos, refogados em azeite
400 g de pato desfiado
6 colheres (sopa) de parmesão ralado
2 talos de alho-poró cortados à juliana e fritos no óleo quente

PREPARO

Numa panela, refogue a cebola picada com metade da manteiga e o azeite. Em seguida, acrescente o arroz e refogue mais um pouco. Adicione o vinho e deixe-o evaporar em fogo alto. Junte aos poucos o caldo de carne, quase em ponto de fervura, sem deixar de mexer. Depois de 15 minutos, acrescente o shiitake refogado com o alho-poró e o pato desfiado. Mexa por mais 6 ou 7 minutos e retire do fogo. Acrescente o restante da manteiga e o parmesão ralado. Misture bem e sirva em seguida com o alho--poró crocante por cima. AC

MOUSSE DE CAQUI

INGREDIENTES

12 caquis, 9 para a mousse e 3 para a calda
1 envelope de gelatina em pó sem sabor
1 lata de leite condensado
350 ml de creme de leite fresco
4 claras
1 ½ xícara de açúcar
1 xícara de água

PREPARO

Descasque 9 caquis, corte-os em gomos e reserve. Numa tigela, hidrate a gelatina em pó em um pouco de água fria e, em seguida, dissolva em banho-maria por 3 minutos; reserve. No liquidificador, bata metade dos caquis reservados com o leite condensado e o creme de leite fresco. Transfira essa mistura para uma tigela, junte o restante dos caquis reservados e acrescente as claras batidas em neve. Despeje numa forma média e leve à geladeira por 4 horas.

Para a calda: Numa panela, leve ao fogo o açúcar e a água, mexendo até engrossar e formar uma calda transparente. Descasque os 3 caquis reservados para a calda e bata-os no liquidificador. Misture-os à calda transparente e fria.

GRAN FINALE!

Desenforme a mousse, jogue a calda por cima e corra pra galera: no que provar, ela te aplaudirá de pé! **BN**

CEIA DE NATAL, DE ANDREA TINOCO

Ana Cecília de Magalhães Lins Lacerda e Bebel Niemeyer

RABANADA

INGREDIENTES

1 pão de rabanada
500 ml de leite
6 colheres (sobremesa) de açúcar
óleo de canola ou girassol para a fritura
4 ovos
2 colheres (sobremesa) de canela

PREPARO

Corte o pão em fatias de mais ou menos 2 dedos de largura. Numa panela, aqueça o leite e 2 colheres de açúcar. Regue as fatias de pão, sem encharcar, e reserve. Bata bem os ovos. Aqueça o óleo em uma frigideira funda, passe o pão umedecido no ovo e frite. Seque com papel toalha, passe na mistura de açúcar e canela e sirva quente.

BACALHAU COM LEGUMES

INGREDIENTES (PARA 4 PESSOAS)

2 batatas médias
1 kg de bacalhau dessalgado por 48 horas em água, mantido na geladeira

2 litros de leite
4 colheres (sopa) de farinha de trigo
2 ovos
pão saloio picado
(pode ser substituído por ciabatta)
2 cebolas médias
12 ovos de codorna cozidos
12 azeitonas pretas sem caroço
4 tomates-cereja
4 minicenouras
4 aspargos
azeite extravirgem
azeite de pimentão
4 folhas de louro frescas
4 dentes de alho confit

PREPARO

Cozinhe as batatas e corte-as em fatias grossas. Puxe no azeite. Numa panela grande, mergulhe as postas de bacalhau no leite e leve ao fogo, desligando quando iniciar a fervura. Passe as postas primeiro na farinha de trigo, retirando o excesso, depois nos ovos batidos no garfo e, por último, passe um dos lados do bacalhau no pão picado. Numa frigideira com azeite quente, doure as postas dos dois lados, colocando primeiro o lado da crosta em contato com a panela.

Sirva em pratos individuais, arrumando cada posta de bacalhau no centro do prato sobre fatias de batata. Ao lado, disponha cebolas fritas em azeite, ovos de codorna partidos ao meio, azeitonas, 1 cenourinha por prato, 1 dente de alho confit, 1 tomate-cereja, 1 folha de louro e 1 aspargo. AC

PURÊ DE PINHÃO

INGREDIENTES

1 ½ kg de pinhão
2 ½ litros de água
1 colher (sopa) de sal
1 ½ litro de leite desnatado, preferencialmente Molico
2 colheres de manteiga light sem sal

PREPARO

Na panela de pressão, cozinhe os pinhões com a água e o sal, por uma hora, em fogo alto. Desligue e deixe sair a pressão naturalmente; espere os pinhões esfriarem e descasque-os. Reserve uma xícara de pinhões inteiros cozidos e pique-os. No liquidificador, despeje 1 xícara do leite, acrescente os demais pinhões cozidos e descascados e vá batendo, um a um. Repita o processo até acabarem os pinhões e vá acrescentando mais leite para dar o ponto do purê.

Numa panela, leve ao fogo brando o creme de pinhão, a manteiga light e a xícara de pinhão picado que foi reservada. Mexa até a manteiga derreter por completo e sirva quente. **BN**

GATEAU GELADO DE PANETONE RECHEADO COM MOUSSE DE CHOCOLATE BRANCO E COULIS DE FRUTAS VERMELHAS

INGREDIENTES (PARA 8 PESSOAS)

1 panetone de 500 gramas cortado em fatias, sem a casca

PARA A MOUSSE DE CHOCOLATE BRANCO

500 ml de leite integral
1 colher (sopa) de baunilha
6 gemas
40 g de maisena
6 folhas de gelatina sem sabor ou 12 g de gelatina em pó sem sabor
200 g de chocolate branco bem picado
250 ml de creme de leite fresco
60 g de açúcar de confeiteiro
1 colher (chá) de licor de laranja, preferencialmente Cointreau

PARA O COULIS DE FRUTAS VERMELHAS

150 ml de água
1 colher (sopa) de açúcar
1 colher (sopa) de baunilha
100 g de polpa de frutas vermelhas congelada
1 vidro de geleia de frutas vermelhas
(ou de uma única fruta vermelha, se preferir, como cereja)
cerejas em calda para decorar

PREPARO

Ferva o leite com a baunilha e reserve. Numa tigela, misture bem as gemas e a maisena e junte o leite fervente, cuidadosamente, mexendo sempre, até incorporar totalmente. Volte com a mistura ao fogo brando, sempre mexendo até espessar. Desligue o fogo. Em outra vasilha, hidrate a gelatina em ½ xícara de água quente até dissolver totalmente. Incorpore a gelatina ao creme ainda quente, junte o chocolate e mexa bem até que ambos se dissolvam totalmente. Cubra com filme plástico e deixe esfriar totalmente. Forre uma forma de bolo inglês com filme plástico, deixando uma borda de filme por fora que seja suficiente para cobrir a forma. Bata o creme de leite fresco bem gelado. Quando começar a espessar, junte o açúcar de confeiteiro e termine até dar o ponto de chantilly. Adicione o Cointreau. Incorpore delicadamente o chantilly ao creme frio para finalizar a mousse de chocolate branco. Derrame a mousse na forma e deixe gelar por uma hora.

MONTAGEM

Corte as fatias de panetone. Retire a mousse do gelo e disponha as fatias sobre ela. Embeba as fatias com uma calda rala feita com açúcar, a baunilha e 150 ml de água, que se levou a ferver e esfriar. Cubra a mousse com o filme plástico, apertando de modo a manter o formato. Leve ao freezer para gelar.

PREPARE O COULIS

Numa panela, junte a polpa descongelada e peneirada com a geleia e cozinhe até obter uma calda espessa. Peneire e espere esfriar.

Para desenformar, abra o filme plástico, vire a forma sobre um prato e gentilmente puxe as abas laterais do filme. Cubra com a calda de frutas vermelhas, enfeite com as cerejas e/ou outras frutas vermelhas e folhas de hortelã. Sirva imediatamente.

A Melhor Torta de Limão do Mundo

Maria Pia Marcondes Ferraz Montenegro

Preciso confessar que uma de minhas sobremesas prediletas é, sem dúvida, a torta de limão. Mas não qualquer uma: especialmente esta, receita de uma grande amiga minha de Brasília, Joyce Cardoso.

É maravihoooooooosa, já provei várias, mas nada se compara a de Jacinta, sem dúvida, a melhor que já comi. Nessa visita, ela fez uma especialmente para mim e, depois de eu suplicar, me deu a receita para poder dividir com vocês. Nem acreditei...aí vai!

INGREDIENTES

RECHEIO

2 latas de leite condensado
2 latas de creme de leite (sem soro)
1 lata (medida) de suco de limão
Marshmallow
2 xícaras de açúcar e água
3 claras

MASSA

2 pacotes de biscoito Maizena
1 pacote de manteiga sem sal

PREPARO

Para o recheio: *Bater o leite condensado com o suco de limão e o creme de leite (sem soro).*

Para o marshmallow: *Colocar o açúcar na panela, cobrir com água e deixar até ficar meio puxa-puxa como um melado. Bater as claras em neve até ficarem bem firmes, e ir misturando sem parar de mexer um segundo o açúcar quente com as claras (se parar de mexer pode embolar).*

Para a massa: *Triturar o biscoito Maizena no liquidificador depois peneirar e misturar com a manteiga até virar uma massa (se precisar, pode acrescentar mais um pouquinho de manteiga). Usar aquela forma para torta com fundo removível. Forrar a forma com papel-alumínio e colocar a massa em torno da forma. Deixar no congelador para endurecer por volta de meia hora, depois retirar e tirar o papel-alumínio da massa. Colocar novamente a massa na forma, despejar o recheio, depois o marshmallow e um pouco de limão ralado por cima.*

É boa demais, e depois é melhor andar, no mínimo, 8 km na praia de Ipanema ou malhar muito. O pior é que eu comi e não saí do sofá da sala, mas valeu a pena...

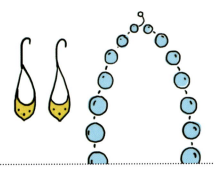

Ambientes de Charme

*Às vezes, tudo que nossa
casa precisa é de... um toque pessoal.
Nenhuma reforma mirabolante,
nenhuma compra extravagante:
é o detalhe de bom gosto
que acolhe e dá novo significado ao
cantinho que nos acolhe.*

O PODER DAS TRELIÇAS

Maria Pia Marcondes Ferraz Montenegro

SOU TOTALMENTE APAIXONADA POR TRELIÇAS. Ficam lindas em qualquer lugar, desde um ambiente mais descontraído, como um jardim, até uma sala de jantar ou de visitas... Decoram fachadas, servem como divisória, embelezam portas e janelas, oferecem estrutura para as trepadeiras se enroscarem e solucionam questões delicadas de arquitetura e decoração.

NÃO GOSTA DA VISTA? PLANTE!

Maria Pia Marcondes Ferraz Montenegro

MUITAS VEZES, AMAMOS NOSSA CASA, nosso espaço, mas a vista deixa a desejar. A paisagista Maritza de Orleans e Bragança criou uma solução inspiradora para um apartamento assim no Flamengo. Sabe o que ela fez para esconder o cenário indesejado? Inventou muros de plantas com uma estrutura metálica moderníssima, vertical, e um sistema de irrigação automático. As plantas podem ser escolhidas de acordo com a luminosidade do local e o gosto do cliente, claro. Mas o que mais gosto é que com essa solução preservamos a nossa privacidades e mudamos totalmente a cara do ambiente.

O CLOSET DOS SEUS SONHOS

Ana Cecília de Magalhães Lins Lacerda

QUEM DE NÓS NÃO SONHA em ter o closet, ou armário, impecavelmente arrumado? Pois nas minhas andanças pela internet encontrei o site da designer americana Melanie Charlton, que trata só desse assunto, e amei as dicas. Umas eu já usava, e as outras adotei rapidamente!

› CABIDES. Use sempre todos iguais e dê preferência aos mais finos, pois ocupam menos espaço. Faz a maior diferença. Os meus eu compro aqui: *www.joleis.com.br/cabides*

- DIVISÓRIAS DE ACRÍLICO. Eu prefiro as transparentes, mas você pode gostar mais das coloridas. Elas separam camisetas e suéteres, criando pilhas harmoniosas, e podem ser de várias alturas, para acomodar bolsas, sapatos e botas!
- GANCHOS NAS PORTAS. Tenho uma tia muito habilidosa que tem vários pregados nas portas dos armários; ela os usa para deixar alguns looks prontos para a semana – assim, na pressa, tem sempre alguma coisa à mão.
- UM JEITO ESPERTO DE ORGANIZAR SAPATOS. As "imeldinhas" vão adorar esta ideia, que poupa espaço e cria um efeito lindo: arrume um pé virado para a frente, o outro para trás.
- QUADRO DE BIJUS. Esta é para quem tem ambientes amplos, mas fica genial: que tal fazer um quadro de cortiça com moldura e pendurá-lo na parede? Quebra o maior galho!

SEU PET MERECE

Bebel Niemeyer

APÓS CONHECER OS APOSENTOS DE MEL, uma linda e divina shitzu que tem instalada em seu próprio quarto uma placa com a expressão "vida de cachorro" tomou outra dimensão pra mim. Esse novo horizonte abriu-se para mim depois de conhecer a arquiteta Zaíra Barbedo, autora dessa proeza. Com a extinção daquele tempo ocioso da mulher à toa de outrora, gasto no cabeleireiro, num "furadinho" ao telefone ou "mirabolando" o próximo namorado, a dócil companhia de seu adorável cachorrinho virou um plano B apetitoso, enquanto o resto não se resolve.

Voltando à Mel, seu quarto tem cômoda para guardar as roupinhas, poltrona (branca!) com almofadas, baú de brinquedos, cantinho para o álbum do "bebê", pendurador fashion para guias e coleiras e muito mais.

UM TOTEM DE FLORES NO JARDIM

Bebel Niemeyer

UMA AMIGA QUERIDA, a paisagista Paula Bergamin, criou um cenário dos sonhos para uma loja de calçados em Ipanema: na linda amendoeira que fica diante da loja, montou um buquê gigante com mais de quarenta espécies de orquídeas, minibromélias, ripsális e chifres-de-veado. Ficou deslumbrante e, o melhor, dá para copiar a ideia no jardim das nossas casas! As flores podem ser amarradas com corda de sisal e rapidamente criam raízes que se agarram ao tronco da árvore. É também uma saída honrosa para orquídeas que deixaram de florir em apartamentos: grudadas a um tronco, numa situação mais próxima de seu hábitat original, elas ganham uma segunda chance.

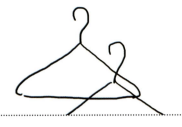

PEQUENO MANUAL DE

Truques domésticos

Sapatos que amamos e que podem nos torturar; bolinhas que deixam as roupas com cara de muuuito usadas, mesmo que sejam seminovas; bijus que a gente foi pegar para pôr... e pretejaram. Mas para tudo tem um jeito – é o que aprendemos em nossa jornada 40forever. Dividiremos com você os truques que fizeram (e continuam fazendo) o maior sucesso no nosso blog.

CASACOS DE LÃ BOLINHAS-FREE!

Maria Pia Marcondes Ferraz Montenegro

QUANDO ESTIVEMOS NO PROGRAMA da apresentadora Ana Maria Braga, em 2012, dissemos que tínhamos uma dica para eliminar as bolinhas dos casacos de lã ou de pashmina, mas não falamos do assunto no ar. Foi uma avalanche de e-mails cobrando! Quem me ensinou foi um amigo indiano, e é um daqueles truques milenares. Pegue o casaco ou a echarpe que precisa de vida nova e dobre-a enrolando. Coloque num saco plástico, lacre e deixe no congelador por quatro horas. Como num passe de mágica, as bolinhas desaparecem, e o casaco fica com aspecto de novo em folha!

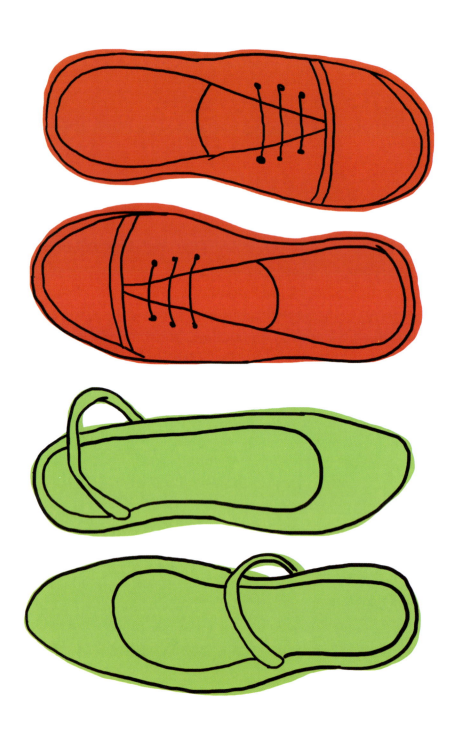

SAPATO QUE NÃO MACHUCA

Bebel Niemeyer

NADA PIOR do que sapato machucando. Imagine estar numa festa elegantérrima tendo que fazer cara de paisagem pra disfarçar a dor: e, em vez de parecer a Audrey, fica igual à noiva do Chuck!

Descobri uma solução mara pra afastar você, de vez, desse desconforto. E não é nenhuma novidade: trata-se do bom e velho Vick Vaporub, em pleno momento Bombril, dublando as mil e uma utilidades! Além de desentupir narizes congestionados, ele também amacia couro e as linhas usadas nas costuras internas dos solados. Basta espalhar a pomada na parte interna do sapato que vai sentir seus Louboutins virarem pantufas!

COMO ALARGAR SEU SAPATO

Ana Cecília de Magalhães Lins Lacerda

DICA COMPLICADA NINGUÉM MERECE, então vamos dar outra, bem simples, de como alargar o acessório. Você precisará de sacos plásticos de dois tamanhos: um menor, para pôr no sapato, e um maior, onde ele será acomodado para ir ao freezer. No saco menor, coloque um pouco de água e acomode dentro do sapato, de forma que a água se concentre na área que precisa ser alargada. Em seguida, coloque o par no saco maior e feche bem. Já para o freezer! Depois de algumas horas ou o tempo que você achar necessário, dependendo do quão apertado seu sapato esteja, volte lá e os retire do freezer. Formas removidas, é só calçar e se esbaldar no seu dia de Cinderela!

BIJUS FAISCANTES

Ana Cecília de Magalhães Lins Lacerda

APRENDI ESTAS TRÊS DICAS ao longo destes 40forever years... Sabe aquelas bijus que ficam escuras e não sabemos como limpar? Aliança, correntinha, pulseira, cordão, medalhinhas, anéis... E em viagem, então, quando usamos direto e nenhuma água com sabão limpa? Pois minha primeira dica é uma escovinha que vem com um gel próprio para isso, o máximo: basta usar como se fosse escovar os dentes. Chama-se Jewelry Cleansing Gel & Brush, da marca Connoisseurs, e está à venda no site *www.amazon.com*. Outra dica legal, para quem quer uma coisa mais complexa e simples ao mesmo tempo, é uma máquina com compartimento para limpar desde óculos até relógios, passando pelas joias, claro! Chama-se "New Trent" e também está à venda no site da Amazon. Agora, a dica mais básica de todas: pegue uma bacia pequena de lavar roupas ou de deixar as unhas de molho, coloque água e sabão em pó, ponha dentro o que quiser limpar (pérolas, coral e turquesa, nem pensar!) e deixe de um dia para o outro. Prepare-se: a água amanhece escura de tanta sujeira que sai! Faça a sua pescaria, passe em água limpa e pronto.

O MILAGRE DO ANEL QUE CABE

Ana Cecília de Magalhães Lins Lacerda

ÀS VEZES TEMOS NOSSOS DIAS de "João e Maria": mostre os dedos, vai que eles afinaram! Quem já não enrolou um durex num anel pra ele ficar certo no dedo, ou pra usar em outro dedo dando uma variada? Achei na loja Amazon um acessório que deveríamos ganhar sempre que compramos um anel. Os Ring Snuggies são pequenos cilindros de PVC hipoalergênicos que a gente encaixa na parte de trás dos anéis, firmando-os no dedo na hora! Cada embalagem vem com meia dúzia, de tamanhos diferentes, para diferentes espessuras de argola. Uma solução ótima!

PULSEIRA CERTINHA

Bebel Niemeyer

SE EU ESTIVER descobrindo a pólvora junto com Marco Polo e contar o que todas já sabem desde o século XII, mil perdões, é a minha distração crônica. Mas achei essa dica tão boa que me lembrei de Colombo e seu ovo. Na charmosa Wonh Design, loja de bijuteria superdescolada em Salzburg, na Áustria, aprendi uma maneira irrefutável para acertar o tamanho das pulseiras escravas sem fecho já que, pelo menos eu, tenho uma tendência a comprá-las um tamanho acima e depois passo a vida equilibrando-as para não escorrerem mão abaixo. Para acertar de vez, basta colocar uma meia de seda como uma luva na hora de experimentar. Hoje tenho uma na minha gaveta de bijuterias, pois, além de acertar o tamanho, ajuda na hora de calçar as pulseiras, evitando que a gente se machuque. Na falta da meia, um saquinho plástico faz papel de dublê perfeitamente.

TRUQUE INFALÍVEL
Solado novinho

Já imaginou uma pessoa lindérrima, chiquérrima, que quando cruza as pernas exibe solas de sapato desgastadas, sujas? Não combina! Pois eu, há anos, mando aplicar solinhas de borracha superfinas em todos os meus sapatos. Eles não escorregam e duram séculos! Com o tempo e a experiência, fui aperfeiçoando o método: as célebres solas vermelhas de Louboutin receberam cobertura... vermelha! Recentemente, até uma sola metalizada ganhou uma camada metalizada. Atenção: para não descaracterizar, a cobertura deve ser aplicada apenas sob a parte dianteira do sapato e no salto. AC

PRODUTOS MARA!

Nem o salto mais alto assusta!

Na loja Louboutin de Nova York me apresentaram a uma solução sensacional para se equilibrar naqueles sapatos que são lindos, mas, a esta altura do campeonato, só em caso de muita necessidade para encarar aqueles degraus! Trata-se de uma placa de silicone chamada "apoio plantar", do Dr. Scholl's, que permite desfilar a bordo destes e de quaisquer outros saltos com leveza e conforto. Da mesma família de acessórios, há uma meia palmilha de silicone ótima para quem curte salto alto ou quer usar um sapato que ficou largo. AC

Aperta, alarga

Tenho uma amiga gourmet que não sai de casa sem um prático botãozinho de metal que, encaixado estrategicamente no cós da calça, alivia aquele aperto na cintura: comeu demais, troca de botão! Vale também para calças que a gente adora e ficaram um pouco largas – sabe aquelas que, se o botão estivesse um tiquinho adiante, daria para usar? AC

🛍 *O achado chama-se Perfect Fit Button e está à venda no nosso incrível magazine on-line chamado Amazon.*

Bainha instantânea

Temos calças jeans mais longas que adoraríamos usar com uma sapatilha e outras que são mais curtas e ficariam maravilhosas se não tivéssemos feito a bainha, não é? Fora que quando vamos andar muito, preferiríamos mil  vezes estar de salto baixo e com aquela calça que amamos e cuja bainha só serve para salto... Esta dica resolve o dilema: os botões de metal da marca Hem Gems Temporary Tailors permitem fazer e desfazer bainhas num passe de mágica – e, como são bonitos, ainda dão um up no visual. Assim você pode ir trabalhar de salto baixo e trocar de sapato quando sair pra já emendar de maneira mais estilosa! AC

🛍 *À venda no site da marca.*

Adeus às manchas

Há alguns anos, ganhei de uma amiga um produto milagroso para remover manchas. Sempre que saio e cabe na bolsa, esse "acessório" vai junto! Chama-se Tide to Go e pode ser comprado no site da Amazon. Dispensa água: basta pingar sobre a mancha e ela literalmente desaparece na hora! Já testei com manchas de gordura, vinho tinto e molho, e funcionou superbem – até em roupa branca! AC

Santo protetor de saltos

Quando a gente acha que as novidades para as cinderelas acabaram, nos damos conta que estamos redondamente enganadas! Sabe aquelas "roubadas" clássicas de chegar a um lugar e descobrir que terá que andar de salto em um deque, na grama, sobre pedrinhas? Pois é, pelo visto, acabaram, ao menos se depender de uma dica que minha amiga Tininha Machado Coelho nos deu: protetor de saltos de silicone, transparentes ou pretos, para combinar com qualquer tom de sapato, da The Sole Mates. Vou comprar e levar na bolsa para emergências. Saltos impecáveis forever! AC

Pode vir, sapato novo!

Esse produto é um achado para as cinderelas de plantão, mas os príncipes também podem se habilitar! Não conheço nenhum ser do sexo feminino que não AME um sapato novo, mas essa massagem para o ego pode ser um pesadelo para os pés. Algumas vezes, o melhor sapato, da marca mais confortável, revela-se um desastre na primeira vez que o usamos. Para evitar sofrimento, experimentei o Band-Aid Friction Block Stick, um creme em bastão que reduz o atrito do calçado com os pés, prevenindo a formação das indesejáveis bolhas. Além de tudo é transparente, não é gorduroso e não mancha o seu sapatinho novo. Pode ser comprado no site da Amazon. MP

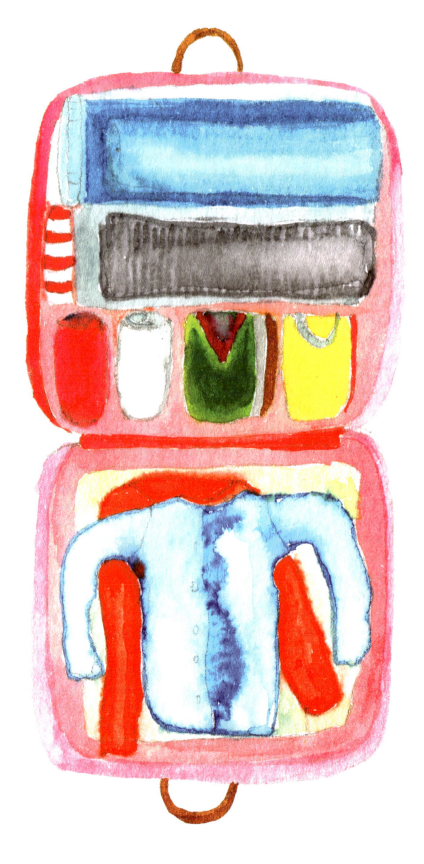

PARTE III

Viagens

Nós, 40forever, amamos viajar, e não falamos apenas de conhecer lugares novos: o maior prazer é se misturar na paisagem, observar o outro, mergulhar na alma de cada novo destino. Nas próximas páginas, partilhamos nosso mapa particular de cenários, passeios e aventuras para experimentar e guardar para sempre na memória.

PARA SEMPRE
Paris

MP passou boa parte da infância e adolescência em Paris. AC e BN não perdem uma oportunidade de dar uma parada por lá. É a cidade adorada das 40forever.

» LES ACHATS «

NO BANQUINHO COM CAROLINE DE MÔNACO

Ana Cecília de Magalhães Lins Lacerda

SABE UMA LOJA DE SAPATOS em que tudo é lindo, inclusive os preços? Pois é: junte qualidade, beleza, conforto, durabilidade e good price e eis você em pleno Made in Jet Set, podendo provar seu escarpim ao lado da princesa Caroline de Mônaco, uma *habituée*. Uma amiga querida me deu essa dica há muitos anos, e virei fã de carteirinha: se chegar em Paris à noite, pode ter certeza de que a primeira coisa que farei de manhã é ir lá, depois de passar na capela da Rue du Bac e agradecer à Nossa Senhora da Medalha Milagrosa por ter chegado sã e salva, claro (detesto planes). Fazem sapatos sob encomenda se não tiverem a numeração do modelo que você quiser.

O CHARME IMORREDOURO DOS LEQUES

Maria Pia Marcondes Ferraz Montenegro

EXISTE ALGO MAIS ELEGANTE do que usar um lindo leque com uma roupa de verão? Eu acho de matar de chique... Há poucos anos, numa festa em Mônaco, encontrei uma amiga que estava usando um deslumbrante! Logo perguntei de onde vinha, e ela teve a generosidade de me dar o endereço: Musée de l'Eventail, em Paris. Que dica incrível! Quando cheguei ao lugar, descobri que não só era um museu com peças maravilhosas como também um ateliê que faz leques sob medida desde o século XIX. No começo do século XX, a família Hoguet, dona do negócio, passou também a criar acessórios de moda para alta costura e para as óperas e os teatros da cidade. Mesmo que não encomende um exclusivo, você pode encontrar vários prontos, e o passeio vale pela criatividade sem limite dos artesãos, que usam plumas, paetês e pérolas com requinte e muito bom gosto.

O IMPERADOR DAS BOLSAS PRÁTICAS

Ana Cecília de Magalhães Lins Lacerda

HÁ ALGUNS ANOS, me senti órfã quando Renaud Pellegrino fechou a pequena e adorável loja onde vendia as bolsas mais chiques, glamourosas e práticas de Paris. Além de lindas, elas tinham espaço para colocar aquela tralha toda que nós, mulheres, carregamos! Pois Renaud está de volta em endereço nobre; mas nada de look grifado: apenas beleza, elegância e charme – é assim que suas bolsas são!

UM OUTLET DOS SONHOS

Maria Pia Marcondes Ferraz Montenegro

O LA VALLÉE VILLAGE é um outlet imperdível a 30 minutos do centro de Paris. Nunca vi um deleite igual: TODAS as lojas são maravilhosas, com peças com até 60% de desconto. Só para dar uma ideia, lá se compram: Zadig & Voltaire, a predileta dos adolescentes (inclusive das minhas filhas), Valentino, a grife de que mais gosto, Givenchy, Burberry, Dolce&Gabbana, Céline, Missoni, Ralph Lauren, Bonpoint, o sonho de consumo de toda mãe (adorava vestir meus filhos com roupas dessa loja), Tod's, Moncler (os melhores e mais fashions casacos de ski), Nike... São mais de noventa lojas com tudo da melhor qualidade. Gostei muito da minha ida lá.

O BERÇO DOS BRASÕES

Maria Pia Marcondes Ferraz Montenegro

A AGRY É UMA DAS LOJAS MAIS ANTIGAS DE PARIS, fundada em 1825, e já nas mãos da sétima geração da mesma família. Fica perto da place Vendôme, num dos bairros mais nobres da cidade, e especializou-se em gravura heráldica (arte e estudo de brasões). Diversos brasões de famílias nobres do mundo inteiro foram confeccionados ali, de maneira quase artesanal. As *chevalières* são aqueles anéis usados no dedo mindinho, com o brasão gravado em ouro ou em pedra; o príncipe Charles, por exemplo, não tira o dele de ouro. As abotoaduras são também muito especiais, com armas ou monogramas feitos especialmente para cada cliente. Com o tempo, a Agry diversificou seus produtos e hoje em dia oferece desde botões para paletós em ouro e prata até prataria, passando por um maravilhoso serviço de papelaria (inclusive os mais elegantes convites de casamento!).

PARA OS AMANTES DE BIKE

Maria Pia Marcondes Ferraz Montenegro

NÃO FAZ MUITO TEMPO que aprendi a andar de bicicleta (imagine que eu não tinha ideia de como mudar a marcha, repare como era leiga!). Já na primeira aula entendi como funciona, mas ainda precisarei de muitas aulas práticas para conseguir subir até o Cristo Redentor... Chego lá! Como passei a me interessar pelo

tema, descobri uma loja inacreditável para quem vai a Paris e deseja comprar acessórios para bicicleta. Se eu, que estou só começando, descubro a cada vez uma novidade – pedal especial, sapatilha, banco, buzina, farol –, imagine os experts! São tantos os acessórios que sem ajuda não dá nem para começar. Chama-se En selle Marcel.

» À LA TABLE «

O MELHOR CHINÊS DE PARIS

Maria Pia Marcondes Ferraz Montenegro

O TONG YEN, ao lado da Champs Elysées, é incomparável. A dona, Thérèse Luong, é uma chinesa que se mudou para Paris há muitos anos e conheceu o Tout Paris, que sempre frequentou seu restaurante. Nas noites de domingo é possível encontrar os ex-presidentes Jacques Chirac e Nicolas Sarkozy (com Carla), além de Alain Delon, Yves Saint-Laurent, na época acompanhado por Pierre Bergé, Alaïa, Inès de la Fressange, o rei do Marrocos e várias outras personalidades. Thérèse recebe muito bem e é supersimpáticAAAA!!. Grande jogadora de golfe, me contou que gostou muito do Gávea Golf quando esteve no Rio para um campeonato. Meus pratos prediletos são o "Peking duck" e os raviólis ao vapor, maravilhosos!

FAZ DE CONTA QUE É XANGAI

Maria Pia Marcondes Ferraz Montenegro

O CLIMA É ESSE MESMO, da metrópole chinesa, só que nos anos 1930 e com um toque de modernidade. No Le China, o contraste dos móveis laqueados de vermelho com o piso de mosaico preto

e branco é maravilhoso; os sofás chesterfield, a iluminação baixa, os drinques e as comidinhas fazem desse bar e restaurante um lugar superdivertido e sofisticado para uma noitada inesquecível em Paris. A comida chinesa é excelente, e o bar capricha nos coquetéis sem álcool, meu sonho de consumo, pois não bebo. Experimente o "Red China", batida só de frutas vermelhas. Aos domingos, há um brunch tipo inglês que está bombando: os mais variados tipos de ovos, salmão, panquecas, queijos e raviólis de legumes. E ainda uma boa surpresa para quem tem filhos: no subsolo, filmes e jogos para a garotada se esbaldar.

A TRADIÇÃO DO LE STRESA

Maria Pia Marcondes Ferraz Montenegro

O LE STRESA é um dos lugares mais glamourosos de Paris para o almoço. Lá sempre encontro amigos e artistas, como Jean Paul Belmondo, Alain Delon e Keira Knightley, príncipes e princesas, reis e rainhas. Também é cheio de histórias: em 1984, foi vendido aos irmãos gêmeos Antonio e Claudio Faiola, que já eram copeiros do restaurante. Eles trouxeram outros quatro irmãos e hoje os seis são sócios, uns servindo, outros cozinhando (divinamente bem). Durante anos o grande escultor francês César Baldaccini, criador da estátua do "Oscar" do cinema francês, almoçou lá todos os dias, pagando a conta com esculturas doadas aos irmãos Faiola. Aliás, tem uma que adoro, em forma de talheres prensados... Hoje vale uma verdadeira fortuna! A comida, italiana e sofisticada, é excepcional, e vários pratos levam o nome de clientes "stars" queridos. Único defeito: como o espaço é pequeno, a reserva tem que ser feita com um pouquinho de antecedência.

APICIUS: RESTAURANTE MAGNÍFICO E ÚNICO

Maria Pia Marcondes Ferraz Montenegro

SEMPRE FICO MARAVILHADA quando vou ao Apicius. É um lugar absolutamente extraordinário. A casa é deslumbrante, o jardim, lindo de morrer, a comida, divina, e ainda por cima fica no coração de Paris, na Rue d'Artois, ao lado da Champs Elysées.

O chefe e proprietário Jean Pierre Vigato tem uma equipe de umas quarenta pessoas trabalhando para uma culinária perfeita e deliciosa.

Realmente considero um privilégio comer num lugar como esse e, quando vou, aproveito muito os momentos únicos onde a gastronomia encontra o requinte total!

A TRADIÇÃO DO L'AMI LOUIS

Maria Pia Marcondes Ferraz Montenegro

ESSE É UM DAQUELES LUGARES típicos onde se come divinamente e, como dizem os franceses, é possível se deliciar com a *grande bouffe* (a grande comilança, sem nada de pejorativo!). De fato, a gastronomia do L'Ami Louis tem um quê de pesada, até meio antiquada se comparada à *nouvelle cuisine*, mas tenho que confessar que é imbatível e saborosa. O restaurante ficou famoso pelo *foie gras* fatiado e por sua pilha de pão baguete cortada e montada em forma de pirâmide! Há muitos anos é frequentado por toda a sociedade e por políticos que sabem das coisas, vindos do mundo inteiro.

A MELHOR LOJA
DE QUEIJOS DE PARIS

Maria Pia Marcondes Ferraz Montenegro

JÁ DIZIA HAVIA ANOS MEU AMIGO DE INFÂNCIA, Fernando Leão Teixeira, que nunca tinha visto alguém gostar tanto de queijo como eu. O que dá mais peso a esta recomendação! Há três décadas Marie Quatrehomme herdou de sua família uma modesta loja de queijos. Em alguns anos transformou a Fromagerie Quatrehomme na melhor de Paris, a ponto de, em 2000, ter se tornado a única mulher a receber um dos maiores e mais prestigiosos títulos da França, o de melhor *ouvrière* (trabalhadora), pelos queijos que seleciona. Sua loja fornece para os maiores cozinheiros de Paris, como Guy Savoy, do restaurante homônimo, Michel Roth, chef do Espadon, melhor restaurante do Ritz, e Yannick Alleno, chef do Hotel Meurice. Dizem que na França pode-se comer um queijo diferente a cada dia do ano; em sua loja, Marie oferece mais de duzentos tipos diferentes, e conhece um por um. Ela indica também qual vinho acompanha melhor qual queijo. Diz que o branco seco combina com todos, gosta muito de Camembert com vinho tinto e, para festas, adora champanhe com queijos. Explica ainda que certos queijos têm validade de apenas 1 dia (como o Rocamadour), alguns de oito a dez dias (como o Reblochon) e outros ainda de três semanas (como o Comté). Meu predileto de longe é o Vacherin Mont d'Or truffé, de comer de joelhos, com colher, devido à consistência, e ainda é trufado! Para mim não existe nada igual. Marie indica também uma *boulangerie* (padaria) para acompanhar seus queijos especiais, a Bread and Roses.

HEDIARD, O SEGREDO DOS GOURMETS

Maria Pia Marcondes Ferraz Montenegro

A HEDIARD É UMA LOJA PARA GOURMETS REQUINTADOS. As frutas são superespeciais e vêm do mundo inteiro, cada uma mais original que a outra! Os chás são especialmente importados da China e da Índia, desembarcando por lá com embalagens divinas. Geleias, mostardas, especiarias, biscoitos, vinhos especiais, chás, macarons, pâtisseries, chocolates... Tudo é sempre da melhor qualidade. Adoro essa loja e sempre que passo por Paris não resisto a dar uma passadinha, é um deleite TOTAL!

» LES PROMENADES «

O ATELIÊ ENCANTADO DE DELACROIX

Maria Pia Marcondes Ferraz Montenegro

O GRANDE PINTOR EUGÈNE DELACROIX (1798–1863) foi um dos mais importantes representantes do romantismo francês. Pertenceu a uma das famílias de maior prestígio do país. Seu pai foi ministro da República, e ele teve uma educação esmerada, que o transformou num erudito precoce. O pequeno ateliê onde trabalhava e residia se mantém cuidadosamente preservado num dos lugares mais charmosos da cidade, a Place Furstemberg, uma praça discreta que abriga lojinhas graciosas a dois passos do Boulevard Saint-Germain. Sempre levava meus filhos para visitar esse lugar, uma alternativa deliciosa, cultural, amigável e charmosa para crianças que se cansavam em museus muito grandes, como o Louvre.

UM MUNDO DE CRISTAL

Maria Pia Marcondes Ferraz Montenegro

SEMPRE QUE VOU A PARIS visito um de meus pequenos museus preferidos, o Museu Baccarat, para me lembrar de que a vida é bela. Sinônimo de estilo, luxo, bom gosto e elegância, Baccarat é a mais tradicional marca de cristais franceses e a mais prestigiosa do mundo. Já atendeu o czar Nicolau II, os marajás do Rajastão, a casa imperial do Japão, a família Rothschild, a família real britânica e por aí vai... O museu foi criado em 2004 na lendária casa da viscondessa de Noailles, Marie Laure, ícone da sociedade parisiense, cujas festas misturavam sabiamente diplomatas, princesas, artistas e políticos que o mundo inteiro sonhava em conhecer.

A grife contratou o excêntrico Phillippe Starck para uma audaciosa reforma, que harmonizou a arquitetura do século XVIII com a contemporânea e deixou tudo um espetáculo! Sou louca pela sala de baile que leva o nome da antiga proprietária da casa, pois seu *décor* parece ter saído do filme *O Leopardo*, de Luchino Visconti. Lugar dos sonhos para se dar uma festa...

IMPRESSÕES NO MUSEU RODIN

Maria Pia Marcondes Ferraz Montenegro

O MUSEU RODIN, situado no Hôtel Biron, é um lugar de encantamento. Meus três filhos me acompanharam em muitas das visitas que fiz e, depois da terceira ou quarta vez, me disseram: "Mãe, já conhecemos tudo de cor, não precisamos mais vir". Eu, porém, não me canso de ir a essa casa maravilhosa que, durante anos, abrigou o ateliê do escultor Auguste Rodin (1840- 1917) e foi doada por ele, junto com sua grande coleção, ao governo francês – com a condição de transformarem-na num museu dedicado a suas obras. Seu desejo foi respeitado, e o museu abriu suas portas em 1919. Percorrendo as salas, é impossível não pensar em Camille Claudel, a aluna que manteve durante anos um romance secreto com o escultor. Rodin, porém, não assumiu esse amor, pois nunca deixou sua eterna namorada, Rose Beuret. No mundo das artes, dizia-se que Rodin esculpia para Camille, que, ao tentar se distanciar dele, acabou paranoica e louca de amor. Morreu internada num manicômio depois de trinta anos de sofrimento.

O TEMPLO DO CANCAN CONTINUA VIVO

Maria Pia Marcondes Ferraz Montenegro

ELE É UM MONUMENTO TÃO FRANCÊS quanto a torre Eiffel – aliás, foram inaugurados no mesmo ano, 1889. O Moulin Rouge é o mais famoso *cabaret* de Paris e foi onde lendas como Edith Piaf, Yves Mortand, Maurice Chevalier e Jean Gabin começaram a carreira de cantores. Fica em Montmartre, que na época de sua abertura era uma cidadezinha ligada a Paris, hoje em dia bairro da boêmia e dos pintores. Nunca deixou de lado a magia em seus dois espetáculos diários. Quando as bailarinas entram em cena dançando aquele French Cancan, com suas saias nas cores da bandeira da França, são ovacionadas pelos 850 espectadores (o lugar vive cheio). As sessenta dançarinas, que têm em média 23 anos, vêm dos quatro cantos do mundo: o importante é que sejam muito boas, quer dancem jazz, balé clássico ou outro estilo. As mais de mil fantasias de plumas e strass são feitas pelos maiores artesões de Paris. Os espetáculos também trazem vinte dançarinos, além de oitenta pessoas nos bastidores, trinta camareiras e dez costureiras. Ella Fitzgerald, Liza Minelli, Elton John e até Frank Sinatra já fizeram shows por lá!

A CASA NOTURNA DE DAVID LYNCH

Maria Pia Marcondes Ferraz Montenegro

O SILENCIO É O CLUBE SUPERANIMADO do momento em Paris. Define-se como a boate dos noturnos, daqueles que gostam de agito e sofisticação, de arte e de leitura, de música e de cinema. Parece complexo, mas esse é exatamente o caso, já que tudo foi bolado pelo grande David Lynch, que transita por muitas áreas – é diretor de cinema, roteirista, produtor, artista visual, músico... Trata-se de um clube fechado, mas em algumas ocasiões as portas são abertas para não sócios depois da meia-noite. Pode-se dançar na pista de dança espelhada, ler ou simplesmente folhear os livros na biblioteca de arte ou assistir a um filme numa sala de cinema com 24 lugares. É um lugar diferente que vale a pena conhecer, informando-se antes sobre a possibilidade de entrar.

UM PARQUE PARA ADULTOS E CRIANÇAS

Maria Pia Marcondes Ferraz Montenegro

O PARC DE LA VILLETTE é o maior parque urbano de Paris, com 25 hectares, 2750 árvores espalhadas por jardins maravilhosos e construções surpreendentes. O incrível conjunto arquitetônico concebido pelo educador suíço Bernard Tschumi é um encontro entre passado e presente, cidade e natureza, arte e ciência, espírito e corpo. Quando levei meus filhos lá pela primeira vez, eles ainda eram pequenos e foi uma aula para cada um deles: interessaram-se por assuntos diferentes e aprenderam tanto quanto num dia de aula. No site tem toda a programação de ateliês, exposições, apresentações de teatro e de cinema. Vale a pena conhecer e levar os seus filhos!

Paris para temporadas
Ana Cecília de Magalhães Lins Lacerda

Hospedar-se em bons hotéis é um dos prazeres de uma viagem, mas nada como o conforto de um espaço maior se a estadia for longa. Nossa amiga Vivi Rocha tem o costume de alugar apartamentos em Paris para temporadas e sempre recorre a sites que oferecem dos mais luxuosos aos mais simples, para permanências curtas ou estendidas, caros ou não. Estudantes, casais e famílias podem se beneficiar desse serviço. Ela recomenda, porém, prestar atenção a alguns detalhes na hora de escolher. Por melhor que seja a localização, é bom lembrar que alguns prédios são antigos e, apesar de os apartamentos serem grandes, podem ter apenas um banheiro ou não ter elevador, chuveiro (só banheira), ar-condicionado etc. Dá um pouco de trabalho, mas depois de escolhido é só chegar e brincar de casinha. Os sites em que ela costuma pesquisar são: www.specialapartments.com; www.parisattitude.com; www.rentapart.com; www.heaveninparis.com; www.parisperfect.com; www.homelidays.com; www.paristay.com; www.instantparis.me.

Para imóveis mais luxuosos:
www.chezvous.com e www.timeandplace.com

A CAPELA DA RUE DU BAC
Maria Pia Marcondes Ferraz Montenegro

EM DIVERSOS MOMENTOS DIFÍCEIS da minha vida, desde meus 13 anos, encontrei paz e iluminação nessa capela que eu amo. Para mim é sempre um momento de recolhimento, oração e agradecimento! Nunca fui a Paris sem passar por essa capela.

Foi nesse ambiente de serenidade, dedicado à Nossa Senhora da Medalha Milagrosa, que a mãe de Jesus teria aparecido duas vezes, em 19 de julho e em 27 de novembro de 1830, diante de santa Catherine Labouret, na época uma noviça das Filhas da Caridade. Na segunda aparição, Nossa Senhora teria pedido à freira para cunhar uma medalha, prometendo graças em abundância a quem carregá-la consigo, principalmente se usada no pescoço. Muitos milagres foram atribuídos a essa medalha; eu tenho a minha e não a tiro de jeito nenhum! Sobre o altar, chama atenção a inscrição: "Maria, concebida sem pecado, rogai por nós que recorremos a vós!" Está indicado ali o lugar onde Nossa Senhora teria aparecido, e nele os fiéis depositam seus pedidos escritos em papeizinhos. Nunca fui a uma missa nessa capela que não estivesse lotada de pessoas do mundo inteiro!

» ... ET ENVIRONS «

O CASTELO QUE INSPIROU VERSALHES

Maria Pia Marcondes Ferraz Montenegro

GRANDE DICA PARA QUEM ESTÁ NA CIDADE-LUZ e quer curtir um passeio de beleza única, a apenas 55 quilômetros da capital: o castelo de Vaux le Viconte. Construído em 1658 por Nicolas Fouquet, o poderoso intendente das finanças do "Rei Sol", Luís XIV, para mim é um dos mais belos castelos nos arredores de Paris. Só grandes nomes foram convocados para assinar essa obra-prima: Le Vaux como arquiteto, Le Nôtre como paisagista e Charles Lebrun como decorador e pintor. O resultado é um castelo glorioso, que foi a grande inspiração para o Palácio de Versalhes.

A CATEDRAL DOS REIS DA FRANÇA

Bebel Niemeyer

MINHA QUERIDA PRIMA ANDREA WANDERLEY voltou certa vez de Paris com uma dica de passeio que poucos brasileiros conhecem e que me encantou: uma visita à Catedral de Saint-Denis, ao norte de Paris. Ela tomou o metrô (linha Chatillon-Montrouge/Saint-Denis-Université) e achou um pouquinho longe, mas quando chegou lá... ficou deslumbrada! Nessa catedral gótica, que só por sua beleza merece a viagem, estão enterrados reis e rainhas da França, entre eles Henrique II, Catarina de Médicis, Filipe, o Belo, Carlos Martel, Pepino, o Breve, Francisco I, Luís XVI e Maria Antonieta. Para os amantes dos "Reis Malditos", é imperdível! Um passeio lindíssimo e repleto de referências importantes da história francesa. Ah, ela não foi, mas ficou sabendo que o restaurante em frente à catedral, Le Mets du Roy, é delicioso.

O HOTEL DA VEUVE CLICQUOT

Maria Pia Marcondes Ferraz Montenegro

A VEUVE CLICQUOT, tradicional produtora de champanhe, administra um hotel supercharmoso em Reims, região do champanhe. O castelo, construído em 1840, serviu como residência da família Clicquot-Ponsardin durante alguns anos. Depois de uma reforma que durou quatro anos, foi reaberto para visitação recentemente. Quem assina a decoração é Bruno Moinard, o mesmo que decorou as lojas da Hermès; aqui, ele misturou a arquitetura do século XIX com obras contemporâneas. O hall de entrada, por exemplo, tem um *plissée* de  espelhos inspirado em Issey Miyake. O corredor dos quartos faz as vezes de galeria com fotos de todos os presidentes da companhia. O banco do argentino Pablo Reinoso é um must, e a escultura na entrada do jardim, dos irmãos Campana, é imponente. É um programa ótimo para um fim de semana!

PRAIA DE PARISIENSE

Maria Pia Marcondes Ferraz Montenegro

PASSEI MUITOS VERÕES com minha família em Deauville – pois minha mãe tem uma casa lá há mais de vite anos –, a cidade de praia mais perto de Paris, a duas horas de carro da capital, já na Normandia. Adoro especialmente o mês de agosto, quando tudo vira festa na localidade de 4500 habitantes que abriga hotéis cinco estrelas, spas, cassino, lojas internacionais, clubes e corridas de cavalo. Já no século XIX, muitas famílias francesas costumavam se mudar para esse balneário durante todo o verão europeu. Saint-Laurent tinha uma das casas mais bonitas da região, assim como vários Rothschild. Os principais hotéis são o Royal e o Normandie, no centro da cidade, e o Hôtel du Golf, para quem gosta desse esporte, porém é um pouco afastado. Qualquer bistrô serve uma comida maravilhosa. Mesmo no inverno a cidade é igualmente deliciosa.

AS CRIANÇAS VÃO AMAR GIVERNY E AUVERS-SUR-OISE

Bebel Niemeyer

DICA MARAVILHOSA principalmente para quem viaja com os pequenos: não deixe de visitar a encantadora Giverny, onde está o mundo mágico do pintor Claude Monet! O passeio é adorável e fácil, pois o charmoso vilarejo às margens do rio Sena fica a 60 quilômetros a noroeste de Paris, e passa-se por uma estrada deliciosa, bordeada de lindos campos de girassóis ou de trigo, se for primavera ou verão. Quem preferir pode ir de trem, saindo da Gare Saint-Lazare. E foi justamente da janela de um trem que Monet se deparou com Giverny pela primeira vez. Tomado de amor instantâneo pelo lugar, comprou sua famosa casa e enfeitou-a, construindo o mais célebre e deslumbrante jardim e o lago, onde pontificam, até hoje, as ninfeias superstars: criou o cenário perfeito que, associado à surpreendente luminosidade do local, deu origem a seus melhores quadros e o inspirou até a morrer. São suas as palavras: "Fiz para os olhos e para a pintura!" O ideal é sair de Paris cedo, antes das 9h, para explorar com calma o lugar (quanto mais tarde, mais lotado). Além dos jardins, a casa também é um must e está perfeitamente restaurada pelas mãos do craque Gerard Van der Kamp, o mesmo que se ocupou do palácio de Versalhes. A coleção de gravuras japonesas e a cozinha são o ponto alto do tour. Na saída, há uma lojinha de souvenirs que é uma graça.

Acabada a visita ao chez Monet, e se você cumpriu o horário direitinho, deve ser perto do meio-dia. Uma boa pedida, para abrir o apetite, é alugar uma bicicleta e dar um rolê pelas redondezas. A cidadezinha medieval tem toda uma atmosfera que deve ser vista! Nas duas vezes que estive em Giverny era verão, eu estava com as crianças e os dias eram ensolarados. Por isso, em ambas, escolhi almoçar ao ar livre sob os ombrelones de um charmoso restaurantezinho, colado ao interessante Musée d'Art Américan de Giverny, que guarda uma coleção de quadros dos artistas impressionistas americanos que por lá estiveram. Não deixe de visitar esse museu também!

Pensou que acabaríamos por aqui? Que nada, em euros não podemos desperdiçar tempo! Então, anime-se para, no seu caminho de volta, desviar para Auvers-sur-Oise, uma cidade a 27 quilômetros a noroeste de Paris, onde o grande Van Gogh passou seus últimos dias, pois ali morava seu amado médico, Dr. Gachet. Depois de dar uma passeada, vá ao Auberge Ravoux conhecer o singelo sótão onde o pintor holandês passou seus últimos dias. Na saída obrigatória, por uma escada nos fundos da hospedaria, tem um quintal onde descansam, finalmente e juntos, os irmãos Vicente e Theo: impossível segurar as lágrimas.

A VOLTA AO MUNDO

Selecionamos alguns destinos, hotéis e passeios que valem cada centavo e cada minuto. São lugares de onde você sairá mais bonita, mais feliz, mais sábia e um pouquinho mais apaixonada pela vida do que quando entrou. Boa viagem!

» SHOPPING «

Kate Middleton sabe tudo!

Há muitos anos, em Londres, uma amiga minha pra lá de antenada me levou à L.K.Bennett, onde comprei alguns pares de sapatos e peças de roupa de altíssima qualidade que tenho até hoje – pagando um preço super-razoável. Em tempos de monarquias comedidas, Kate Middleton revelou-se fã ardorosa da marca e, sem querer, às vezes acaba com o estoque do que quer que use. As roupas são clássicas, e os sapatos, muito confortáveis! AC

Bijus para o Red Carpet

Ninguém precisa de joias inacreditáveis, daquelas que pedem um séquito de seguranças, para brilhar nos Red Carpet da vida! Tracy Smith criou há cinco anos a House of Lavande, em Palm Beach, na Flórida, só com bijuterias vintage da melhor qualidade. Lá se pode encontrar bijous incríveis de Elsa Schiaparelli, Schreiner, Kenneth Jay Lane da década de 60 e raridades de Dior, Chanel e Yves Saint-Laurent. Como Palm Beach não fica ali na esquina, visite o site e se esbalde! AC

O paraíso dos papéis de parede

Uma fachada muito simples em Miami, sem vitrine, abriga um mundo mágico de papéis de parede: a loja Fabulous Wallcoverings. São vários corredores com estantes repletas de rolos de todos os estilos e épocas, e o melhor de tudo é que você pode pegá-los e levá-los para casa imediatamente – os preços são inacreditáveis! Se não tem o que você procura, é possível encomendar consultando diversos catálogos das mais variadas marcas. Como o pedido pode demorar uns dias, é melhor passar por lá no começo da viagem. O dono, simpaticíssimo, já até fala um pouco de português, tamanha a clientela proveniente das nossas bandas. Não abre nos fins de semana. MP

» EATING «

Cecconi's, meu italiano em Miami

Outro dia uma amiga querida foi para Miami e me pediu uma dica de restaurante. Na hora me deu uma amnésia incrível: olha a idade chegando! Depois lembrei: o Cecconi's, em South Beach, é o meu preferido por lá. Esse restaurante italiano clássico tem um astral incrível, *décor* lindo, comida deliciosa, serviço impecável e gente bonita e descolada. O que poderíamos querer mais? Fora o preço, muito mais barato do que aqui! Fica no térreo do hotel Soho Beach House. Abre ao público para o café da manhã, almoço e jantar, sete dias por semana. AC

Restaurante Gold, em Milão

Domenico Dolce e Stefano Gabbana, designers de moda pra lá de bem-sucedidos, resolveram inovar e criaram seu primeiro restaurante, com bar e "cocktail room", o Gold, em Milão, que está fazendo o maior sucesso. Uma amiga querida nos mandou a dica, pois esteve lá para jantar e amou! Comida italiana divina com influência mediterrânea e, claro, "ouro" pra todos os lados! ᴀᴄ

O croquete mais delicioso do mundo

Come-se em Amsterdã, garante nosso exímio consultor multiuso e multimídia, Rafael Fonseca. Ele também acha uma delícia o da Casa do Alemão, sobretudo o daquela que fica logo ali, quando termina a subida da serra na ida para Petrópolis. Mas nada se compara à textura interna, à crocância da casca e ao sabor do croquete vendido no Eetsalon Van Dobben. Não esperem um lugar chique, alerta ele; na verdade, o Van Dobben está mais para açougue, porém limpíssimo, com suas paredes de azulejos brancos, vitrine de frios, bancos no balcão e pouquíssimas mesas. Pode-se ainda experimentar um pão com salada de galinha ao curry (ótimo) ou com salada de ovos (ótima também), além do sanduíche de rosbife, cortado finíssimo e muito bem-feito. Agora, o campeão é mesmo o croquete, ou *croquetten*! Peça sem o pão, senão, eles vão servir o croquete num pão como o do cachorro-quente. ʙɴ

O Mercado Municipal de Londres

Na terra da rainha Elizabeth, programe uma visita ao Borough Market e pode esquecer de tomar seu café da manhã ou de almoçar, pois você provavelmente comerá lá durante o dia todo, e tudo é muito delicioso! Alimentos de todos os cantos do mundo estão reunidos num lindo lugar, um antigo armazém de estilo vitoriano. Quando suas mãos estiverem desocupadas, quem sabe você consiga tirar uma foto? Come-se sem parar! Essa experiência imperdível acontece de quarta a sábado, e recomendo chegar cedo, para evitar a multidão. ᴀᴄ

Matsuhisa, em Mikonos

Situado dentro do Hotel Belvedere, na ilha grega de Mikonos, o restaurante Matsuhisa é mais um braço do império em franca expansão do superchef Nobu Matsuhisa, (lembrando que os restaurantes Matsuhisa são de propriedade exclusiva da família Matsuhisa, enquanto os restaurantes Nobu têm sócios, sendo o mais famoso deles o ator Robert De Niro. O Belvedere é um dos melhores hotéis de Mikonos, situado a poucos passos de toda a agitação das ruas centrais da cidade e do antigo porto na costa oeste da ilha. O restaurante fica ao lado da piscina e é um espetáculo à parte. Entre os clássicos imperdíveis está o black cod com molho missô, o *tiradito* e os sashimis, sempre apresentados de uma maneira inovadora. Os peixes, superfrescos, e o clima, sempre delicioso, somados ao ambiente elegante, iluminado à noite por velas, tornam a ida lá inesquecível! AC

Um grande chinês em Londres

O restaurante Yauatcha foi muito recomendado por uma amiga amadíssima, que entende muito de comida chinesa, pois a ama, e não sai dos aviões! Segundo ela, é simplesmente divino e delicioso, sem falar na ambientação lindíssima, com luzes suaves contrastando com as cores vivas do aquário! Além de uma comida incrível, o chá servido lá, repleto de pâtisseries delicadíssimas, só perde para o do Buckingham Palace, e só se você estiver na companhia da rainha! AC

The Fat Duck, sempre ótimo…

Recentemente, a revista inglesa *Restaurant*, que todo ano traz os cinquenta melhores restaurantes do mundo, rebaixou um velho conhecido meu, The Fat Duck. Fiquei intrigada: essas listas…

Então, como ia passar uns dias em Londres, resolvi tirar minha prova dos 9 e fui para a encantadora cidade de Bray, Berkshire, almoçar sob a batuta de Heston Blumenthal, seu glorioso chef, e antecipo: tudo continua como dantes no Castelo d'Abrantes. Autodidata, Blumenthal se interessou pela alta gastronomia aos 15 anos, numa viagem à França, almoçando com os pais no L'Oustau de Baumanière, na Provence: foi "love at first bite"... Tornou-se um dos principais alquimistas da culinária mundial, resultado de muita mão na massa e ousadia: com pouquíssima experiência, abriu seu primeiro restaurante, justamente o The Fat Duck, em 1995, como um bistrô francês; rapidamente, evoluiu para a moderna cozinha molecular, de Ferran Adrià. Para mantê-lo, quase faliu, chegando a vender tudo que tinha. Só arribou quando ganhou sua primeira estrela Michelin, em 1999. Daí em diante foram só alegrias: em 2004 recebeu a terceira estrela e, em 2005, o título de melhor restaurante do mundo, dado pela mesma revista que depois o rebaixou. Cheguei a uma modesta conclusão: quem sabe a criativa cozinha molecular, depois de tantas pirotecnias, esteja numa entressafra? Já ganhou o mundo e está eternizada na alta gastronomia mundial, mas ainda não é vintage, ou melhor, clássica. Por isso, o Fat Duck talvez esteja num momento "last season"... Como a qualidade de sua mesa continua a mesma, é só uma questão de tempo. O importante é que continuamos comendo como reis nesse charmoso restaurante. Instalado numa construção do século XVI, ele acolhe com louvor treze mesas, tem 42 funcionários e cardápio fixo com cerca de quinze pratos que casam alta tecnologia com muita imaginação e magia. **BN**

... e a outra face do chef Blumenthal

De cara pro gol e pros jardins do Hyde Park (a gente não sabe se come, se olha, se suspira ou se faz tudo ao mesmo tempo), o Din.ner mostra a outra face do mago Heston Blumenthal, o mesmo maestro do The Fat Duck. Com visual mais urbano, o restaurante-sensação de Londres tem em comum com o Duck a cozinha elaborada, mas os cardápios são bem distintos – e as experiências gastronômicas também. Serviço superatencioso e funcionários amabilíssimos fizeram com que eu me sentisse em casa, tipo "nunca te vi, sempre te amei". Vou contar o grande barato: Blumenthal e seu sócio, Ashley Palmer-Watts, montaram um cardápio erudito para o Din.ner depois de um estudo minucioso sobre o passado gastronômico da ilha. Para tanto, instalaram-se na maravilhosa Biblioteca Britânica, pesquisando livros ancestrais da culinária inglesa, contando inclusive com a ajuda preciosa de historiadores, encantados com a iniciativa. Como a maior parte da bibliografia sobre o assunto foi escrita à mão, o trabalho da dupla foi de monges medievais, recuperando receitas esquecidas e modernizando-as para compor um menu "de museu". A decoração é contemporânea, e a cozinha envidraçada é a grande vedete do ambiente. No mais, é pedir os pratos e rezar agradecendo a primorosa refeição. As pernas de rãs e a "Tipsy Cake" são inenarráveis! **BN**

Fervor, em Buenos Aires

Este relato é da minha querida Maria TM sobre uma viagem recente à capital portenha. Anote! **BN**

"Situado no bairro da Recoleta, o Fervor é um restaurante tradicional, barulhento, onde se prova a culinária local; grosso modo, seria um equivalente da Brasserie Lipp em Paris. Não pense em decoração clean, fria, minimalista, nem em nada extravagante e surrealista à la Philippe Starck: o ambiente do salão de dois andares é mais informal e aconchegante, porém superagradável e charmoso. A maior parte dos garçons já tem tempo de casa suficiente para tratar a clientela com impaciência, mau humor e até uma certa folga (nada que você já não tenha experimentado no Bar Lagoa. You'll survive). Portanto, no stress, veja isso como parte do programa.

Na crowd você encontra de tudo: jovens animados, velhos rabugentos, famílias, casais, muitos locais e alguns poucos turistas. E, por que não, Karl Lagerfeld, que já declarou diversas vezes que o Fervor é seu restaurante preferido na cidade (então, se não quiser confiar em mim, pode confiar no Kaiser). A comida é simplesmente deliciosa. Não deixe de provar as tradicionalíssimas *empanadas*; o *jamón* também é sempre uma boa opção, mas se tiver que escolher só uma entrada, a *tortilla de papa y cebolla* é de comer rezando! Como prato principal, há várias opções de carnes, cortes e embutidos (óbvio, especialidade argentina), mas quem não for carnívoro ou preferir algo mais leve vai adorar os peixes e frutos do mar. Se ainda tiver um espacinho para a sobremesa (e eu sugiro que você reserve esse espaço), a melhor pedida é a panqueca de *dulce de leche*: dos deuses (do Olimpo, do Egito, da Roma Antiga, de Hollywood... todos se uniram para criar essa iguaria deliciosa)! Toda essa orgia, é claro, deve ser escoltada por um bom vinho argentino (opção no menu é o que não falta). Então, organize um grupo grande, reserve uma mesona e vá se preparando para passar umas boas horas lá, comendo bem, bebendo bem, rindo, falando alto e se divertindo. E, se você olhar para o lado, vai ver que nossos *hermanos* não são tão diferentes da gente assim; e que, mesmo quando a coisa aperta, eles respondem com alegria."

Em NY, brunch é assunto sério

Tanto é assim que o que não falta na cidade é um bom brunch aos domingos! Tem para todos os bolsos e gostos. Considerado um dos mais elegantes, o do The Carlyle Hotel, no Upper East Side, faz jus à fama. Num ambiente super-requintado, ornamentado com flores lindas, a maioria dos homens ainda vai de paletó, embora não seja obrigatório. Depois de provar o menu divino, recomendo uma boa caminhada pela Madison Avenue para fazer a digestão, olhando as vitrines (e gastando pouco, já que muitas lojas não abrem!) e as galerias de arte. Programão, recomendo! AC

» STAYING «

Hotel Olissippo Lapa Palace

Adoro esse hotel 5 estrelas em Lisboa, onde já me hospedei algumas vezes. O lugar é supercentral, amo a Lapa! Os quartos são deliciosos, a piscina, um sonho, e o spa tem produtos La Prairie. Foi construído no século XIX, originalmente como uma residência de aristocratas, mas transformou-se num oásis urbano de jardins tropicais. São apenas 109 quartos e suítes com uma vista deslumbrante para os jardins e o rio Tejo. Ah! O pastel de Santa Clara é uma especialidade do Hotel. MP

Dois hotéis charmosos em Londres

Muito simpático, o Number Sixteen tem apenas 41 quartos com decoração superchique. É uma verdadeira townhouse, situada no coração de South Kensington, ao lado do museu "Victoria and Albert". A varandinha para tomar chá é fofa, e o hóspede se sente um londrino de berço! MP

Um pouco maior, o Belgraves é muito bem localizado, perto da Sloane Square e da loja Harrod's, e oferece 85 quartos. Supernovo, foi decorado pela renomada designer inglesa Tara Bernerd. Possui restaurante e fitness center. AC

A Disney na Suíça

Assim que se chega a Gstaad, a cidadezinha suíça que é totalmente a Disney da minha vida, a primeira coisa que se vê é o Hotel Palace, que parece o castelo da Cinderela, no topo de uma montanha. Existem até outros hotéis maravilhosos e estrelados por lá, como o Park Hotel ou o hotel Alpina, mas no Palace se encontra tudo de melhor: o bar, o lobby mais divertido, a melhor *fromagerie*, onde se pode degustar uma *raclette* (típico prato suíço de queijo derretido) ou uma fondue inacreditáveis. Fora a animação do lugar... O spa é lindo e oferece os melhores tratamentos de beleza. A qualquer hora, pessoas lindas, charmosas, bem-vestidas e interessantes circulam por ali. Foi nesse lobby que vários casamentos se fizeram ou também se desfizeram. É um lugar de encontros, que também abriga exposições de joias e desfiles de moda. MP

O moderno na cidade antiga

Localizado perto da Cidade Velha de Jerusalém, o Mamilla Hotel, supermoderno, foi concebido pelo grande arquiteto israelense Moshe Safdie usando pedras locais na sua estrutura. Entre os detalhes surpreendentes, chamaram minha anteção os banheiros com paredes de vidro que passam de transparente a translúcido ao se apertar um botão. Os móveis misturam o estilo asiático com cadeiras Barcelona de Mies van der Rohe. Do terraço se tem uma vista panorâmica da cidade. AC

The Yeatman, no Porto

A recomendação é da minha amiga Monica Sayão, que organiza profissionalmente os mais lindos roteiros de viagem. Anote: na sua próxima ida à encantadora cidade do Porto, em Portugal, hospede-se no The Yeatman. Foi inaugurado há poucos anos e construído nas encostas de Vila Nova de Gaia, aproveitando suas curvas de nível. A construção principal abriga o corpo do hotel, com seus salões e restaurante – este, aliás, ostenta uma estrela Michelin. Os quartos ficam nos andares inferiores, com terraços individuais e gramado em frente. E todos com uma vista estonteante do Porto! Não deixem de conhecer esse hotel, nem que seja para uma refeição ou mesmo um café na varanda... Vale qualquer desculpa para se desfrutar do privilégio dessa vista linda. **BN**

» LEARNING «

Jamie democrático

Vocês conhecem o curso do Jamie Oliver em Londres? Não? Nem eu, mas meu marido e meu primo, Darcy, conhecem e recomendam. Esses dois homens, que acham shopping o programa mais chato do mundo na cidade que é um templo do consumo, resolveram fazer aulas de culinária – no caso, de pães e carnes – e ficaram fãs. A escola chama-se Recipease, fica no bairro de Notting Hill e oferece cursos para todos, desde o aprendiz de cozinheiro até craques como meu primo. As inscrições podem ser feitas no site do Jamie, buscando-se pelo nome da escola. **AC**

» UNFORGETTABLE «

Yad Vashem em Jerusalém

Esse lugar, superimpactante, nos fala de valores que não podemos esquecer jamais: somos todos iguais e irmãos. Yad Vashem é o memorial do povo judeu sobre o Holocausto. Fundado em 1953 como o centro mundial para a documentação, pesquisa e educação sobre o Holocausto, converteu-se num local dinâmico e vital de encontro internacional, atraindo várias gerações. O nome vem de um versículo bíblico: "E a eles darei a minha casa e dentro dos meus muros *um memorial e um nome (Yad Vashem)*, que não será arrancado." (*Isaías* 56:5) Localizado aos pés do Monte Herzl, em Jerusalém, Yad Vashem é um complexo de cerca de 18 hectares que engloba diferentes espaços, como o moderno Museu da História do Holocausto, o Memorial das Crianças, a Sala da Memória e o Museu de Arte do Holocausto, além de esculturas, lugares comemorativos ao ar livre, como o Vale das Comunidades, uma sinagoga, arquivos, um instituto de pesquisa, uma biblioteca, uma editora e um centro educacional, a International School for Holocaust Studies (Escola Internacional para o Estudo do Holocausto). Os não judeus que arriscaram as próprias vidas para salvar os perseguidos pelos regime nazista e seus aliados são honrados pelo Yad Vashem como "Justos entre as Nações". AC

Apaixone-se por Vail

Maria Pia Marcondes Ferraz Montenegro

Esquiar é um dos meus esportes favoritos. Quando pequena, fazia esse programa com meus pais, e hoje repito com meus filhos, que esquiam o fino! É um esporte que une a família, e Vail é um lugar ideal e único para um programa de esqui completo e muito divertido.

> Chega-se voando até Denver, no Colorado, e depois dirige-se por duas horas. Ou então pouse direto em Eagle, que tem um aeroporto menor, mas fica a apenas 15 minutos de Vail. Várias companhias americanas inauguraram recentemente novos voos para essa cidade.

> Você não vai acreditar no tamanho da área para esquiar e na quantidade de pistas! O melhor de tudo é que basta um ski-pass, o Epic Pass, para acessar todas as pistas.
> Vail reúne três vilas charmosas, Lionshead, Vail Village e Golden Pick. Nos últimos anos, Vail Village foi totalmente renovada graças a um megainvestimento de 3 bilhões de dólares, tornando-se um dos lugares mais exclusivos da América do Norte.
> São mais de quarenta restaurantes dos mais variados tipos e preços. Os apreciadores de fondue vão amar o Swiss Chalet; o Nobu é um dos melhores japoneses do mundo; para badalar, a escolha é o Sweet Basil. Tem ainda o La Bottega, o Terra Bistro, The 10th, Back 16, Montauk e vários outros.
> A hotelaria também ganhou um upgrade. O Ritz Carlton inaugurou as residências R. C., que oferecem o mesmo conforto e qualidade para o hóspede de sua rede de hotéis. O Four Seasons é o primeiro resort da rede a se instalar por lá, com várias atividades para quem não esquia – piscina aquecida, fitness club e spa. A rede Solaris inaugurou residências incríveis, com vista deslumbrante para as montanhas. The Arrabelle at Vail Square, hotel da rede Rock Resorts, prima por apartamentos luxuosos e residências particulares, tudo com a infraestrutura do hotel, valet ski, concierge pessoal, spa e piscina aquecida.
> O sistema de teleférico foi totalmente refeito: em 6 minutos você chega ao alto da montanha – antes, demorava-se o dobro. Atrações infantis, como boias infláveis, patinação no gelo, snowmobile e snowshoeing, fazem sucesso não apenas entre as crianças, mas também entre pais que não se aventuram nas pistas.

> *Além das escolinhas tradicionais de esqui, Vail deu show de inclusão social ao inaugurar uma escola de esqui adaptado direcionada às pessoas com necessidades especiais.*
> *Por fim, o shopping da cidade é espetacular! Mais de uma centena de lojas com a maior bossa, onde se pode comprar de flores a roupas de esqui, passando pelas grandes marcas internacionais. Quem gosta de fazer compras vai se esbaldar!*

Em Madri, um mercado com alma

Bebel Niemeyer

Minha querida Maria TM, estilista no dia a dia, gourmand nas horas vagas e capaz de muitas proezas para conseguir um bom bocado, esteve em Madri e desvendou para nós os segredos deliciosos do mercado de San Miguel. É dela o relato que você lê a seguir.

"Situado na praça de mesmo nome, o mercado é um centro gastronômico onde a comida informal é a protagonista. Imagine uma espécie de "feira" fechada, em que cada comerciante tem sua própria lojinha, com sua especialidade, e é entusiasta do seu produto (fresquíssimo e sazonal). E foi fazendo esse programa de "turista" do mundo que eu me senti mais local que nunca.

Confesso que, chegando lá, minha irmã, uma amiga querida e eu ficamos meio confusas: centenas de pessoas lutavam pra arrumar um lugarzinho entre as escassas cadeiras e mesas espalhadas sem muita ordem (no frigir dos ovos, nem 10% da multidão conseguiria sentar). Entre muito barulho, conversas, risos, calor humano, comerciantes gritando, gente se esbarrando, um verdadeiro melting pot de nacionalidades (japoneses como sempre, brasileiros como nunca, europeus e, claro, muitos espanhóis), conseguimos nos apertar numa bancada (um banco para três pessoas... que suerte!).

Tudo isso em meio a uma roda de flamenco improvisada por um violão semidesafinado, palmas descoordenadas e um grupo de espanhóis já um pouco embriagados. Se você for latino, vai se identificar; se não for, vai achar graça. Eu fiquei encarregada de ir atrás de comida para "picar" (ou beliscar, como falamos aqui), enquanto as meninas guardavam nosso precioso lugar, tomando um vinhozinho, justo?!

Minha primeira parada foi numa "estação" especializada em peixes e frutos do mar. "Que quieres?" "Hmmm..." e pronto: cinco segundos de indecisão foram o suficiente para o atendente passar para o próximo da fila. Afinal, ela é grande e tem que andar. Ok, já entendi: primeiro dou uma olhada no cardápio, geralmente exposto em cima do balcão, faço uma mental note com meu pedido, e aí sim chego preparada e de preferência com o pagamento dispensando troco. Tartar de atum vermelho de almadrava, salmão defumado, camarões a la plancha, mexilhões à francesa, almejas de Carril, robalo no sal grosso... São dezenas de peixes e crustáceos, preparados de diversas formas diferentes: à la catalana, à moda da região basca... Acabei optando pelo pescaíto frito: um mix de friturinhas delicioso (anéis e patinhas de lula, manjubinhas de Málaga e pedacinhos de polvo) num cone de papel (muito prático pra quem ia levar o lanche "pra viagem").

Continuando minha peregrinação pelas 'tendas', dei uma paradinha nos embutidos porque NUNCA se passa batido por jamón ibérico. Peguei também alguns montaditos (que parecem nossos canapés, feitos com pão e coberturas variadas), empanadas sortidas e, por fim, as tão famosas croquetas (lá eles recheiam com tudo: carne, jamón, cogumelos, camarão...). Não me pergunte como consegui levar e comer essa quantidade de coisas; só sei que, além de tudo, ainda sobrou espaço para os deliciosos churros com chocolate.

Embora bastante calórico, nosso almoço no mercado foi um sopro de ar fresco entre tantos ambientes descolados, entradinhas fusion agridoces, drinques exóticos, contas caríssimas e hostesses com cara de modelo da Victoria's Secret. Mais que uma experiência gastronômica, foi uma experiência cultural que recomendo muito. Um reflexo da pluralidade da culinária espanhola, reunida em um espaço tão autêntico e vibrante."

Paixão turca
Bebel Niemeyer

Estive na Turquia duas vezes, em 2006 e em 2012, no verão e no inverno, e oficializei meu caso de amor com esse país, a ponto de montar meu próprio roteiro. Agora, quer um conselho? Vá no verão, quando o roteiro que montei fica mais fascinante. Outro conselho: não embarque sem ler o maravilhoso Istambul, *em que o ganhador do prêmio Nobel de literatura Orhan Pamuk descreve a cidade decadente e nebulosa.*

Começamos a viagem com um cruzeiro de sete dias que partiu de Atenas rumo à costa oeste do país. Já vou abrindo parênteses para contar sobre a Silversea, uma sensacional cadeia de pequenos navios para turismo. São hotéis flutuantes, 6 estrelas, em que você escolhe o roteiro (dentre os muitos cantos do mundo), embarca, desfaz as malas e pronto. Daí pra frente é com eles... Você passeará por mares nunca dantes navegados, na maior elegância e conforto, com zero de esforço ou estresse. Cada dia um novo e sensacional porto, com toda a programação que o lugar oferece previamente organizada: só temos que escolher o que nos interessa! Saímos da Grécia no fim de uma tarde deslumbrante em direção a Santorini, última parada grega antes de chegar à costa da Turquia. Outra pausa, agora super-romântica, para contar um conto de fadas da vida real: um criativo pai australiano reservou 90% das cabines desse nosso cruzeiro para os convidados do casamento de sua filha, cuja cerimônia aconteceu, justamente, numa lindinha capela em Santorini, à la Mamma Mia. À noite, fizeram um festão no navio, todo engalanado para a ocasião, e quem estivesse a bordo também era convidado: o máximo!

Agora, os portos turcos e seus highlights:

> KUSADASI Por trás desse porto, banhado pelo deslumbrante mar Egeu, escondem-se duas das maiores pérolas do tesouro histórico do país: as ruínas de Éfesos, onde ainda há arqueólogos trabalhando (e é possível visitar!), e a casa de Nossa Senhora. Segundo as escrituras, Jesus pediu a São João Evangelista para cuidar de sua mãe. Por isso, João a teria levado para a tranquila Meryemana, ao lado de Éfesos, no ano 37 d.C., onde Nossa Senhora teria vivido seus últimos anos, numa casinha de pedra. Detalhe besta, mas inesquecível: na saída, comprei uma caixa de figos de um vendedor ambulante, e nunca mais comerei tão deliciosos... Acho que foram mandados, de presente, por nossa Santa Mãe!

> MARMARIS Considerado o porto mais sofisticado da Turquia, Marmaris é, geograficamente, uma espécie de mini Angra dos Reis. Fizemos um bonito passeio de barco por suas baías e ilhotas. Nas cercanias da cidade de Fethiye, há um cemitério sui generis, escavado nas rochas de uma falésia; são os Sarcófagos de Lycian, impressionantes!

> ANTÁLIA Badaladérrimo, é ponto de partida para dois passeios culturais superbacanas: às ruínas da cidade de Termesso, no alto de uma colina, tão bem localizada que Alexandre, o Grande, desistiu de conquistá-la; e às ruínas de Perge, cidade que foi referência por sua modernidade: já abrigava uma espécie de shopping em pleno século I.

> BODRUM A cidade mais cool e animada da costa turca é um belo passeio para quem quer se divertir. Cheia de recantos lindos, barzinhos, restaurantes e hotéis charmosos.

Não há emoção maior que entrar em Istambul navegando: acordei às cinco da manhã para presenciar esse espetáculo da proa do navio. Entramos pelo estreito de Dardanelos e chegamos ao mar de Mármara. Adiante, o estreito do Bósforo, o grande guardião de Istambul, a mais cosmopolita das cidades, por onde todos passaram, passam e passarão, lugar em que o conceito de metrópole existia antes mesmo de a palavra ser inventada. Pensei, diante da inesquecível visão da antiga Constantinopla, majestosa e exibindo-se, sem pudor, diante de todos os forasteiros: só ela ficará para sempre, suntuosa e serena, languidamente pousada, juntando e separando dois mundos.

Em Istambul, seguimos um roteiro básico, que reproduzo aqui:

> PRIMEIRO DIA: *faça um cruzeiro de reconhecimento pelo Bósforo num dos* bateau mouche *que saem sem parar e almoce à beira-mar num daqueles restaurantezinhos divinos do mercado de peixes. Depois, trate de fazer um* sightseeing *minucioso, de preferência com um guia e de carro. O plano B pode ser um daqueles simpaticíssimos ônibus especializados em turismo. Finalizando o dia, não deixe de subir na torre de Gálata: lá de cima, você vê Istambul* at a glance *e entende o emblemático apelido "Chifre de Ouro" e sua complicada geografia.*

> SEGUNDO DIA: *concentre-se na parte bizantina da cidade, visitando o bairro de Sultanahmet a pé. Destaques: a Basílica de Santa Sofia, bonita, mas não me impactou como imaginei, pois sobrou muito pouco do seu antigo esplendor; a Cisterna, deslumbrante, da mesma família arquitetônica da Catedral de Córdoba; e a Mesquita Azul.*

> TERCEIRO DIA: *visite o bairro Ponto Serralho, também a pé, e se deslumbre com o maravilhoso Palácio Topkapi, disparado o que mais gostei, datado da era otomana. Não perca a estonteante sala do tesouro: cada pedregulho que deixa boquiaberto até quem não gosta de joia.*

> QUARTO DIA: *dia de conhecer e comprar no bombado Grand Bazaar, no Bazar de Especiarias e na genuína Rua Pera. Nada pra recomendar sobre os três lugares, além do sábio conselho do Zeca Pagodinho: deixe a vida te levar!*

> QUINTO DIA: *reserve a manhã para visitar outros dois bonitos palácios do período otomano: o Dolmabahçe e o Beylerbeyi, que correspondem plenamente ao que imaginamos ser a estética dos sultões. E, como ninguém é de ferro, feche sua maravilhosa estada nessa cidade dos sonhos com o maior relaxante local: vá a um* haman *(ou banho turco) desfrutar de uma massagem misturada com purificação corporal e da alma.*

É facílimo e uma delícia andar a pé em Istambul. Sua via costeira segue alinhando os bairros, cada um com uma referência que praticamente exclui erro de rota. Além do mais, a cidade é tão engarrafada que você acaba ganhando em tempo, beleza e saúde nas suas caminhadas.

Por fim, a Capadócia, terra de São Jorge, é um lugar de topografia única, visual avassalador e história instigante. De formação vulcânica, magicamente esculpidas pela erosão, as rochas de lá parecem saídas de livros da carochinha. Não por acaso, as mais exóticas chamam-se "Chaminés de Fadas". Ficam quase que amontoadas, compondo um espetáculo estranhamente lúdico e de tirar o fôlego. Para conhecer razoavelmente a região são necessários dois dias e meio. O passeio de balão é obrigatório, embora espere-se melhor fiscalização sobre seu uso depois que duas brasileiras morreram num choque entre eles, em maio de 2013. Conselho: é impossível, para qualquer turista, principalmente com o tempo contado, ficar nessa área um segundo sequer sem a ajuda de um guia/motorista (lembra do Ziah da novela Salve Jorge?). A paisagem, apesar de dinâmica, não tem referências, e as atrações principais estão debaixo da terra. Deixar de contratar um guia é aquele barato que sai caríssimo!

As melhores cidades do mundo para se pedalar

Maria Pia Marcondes Ferraz Montenegro

Para garantir a nossa sobrevivência vamos ter que nos reinventar. Não se trata de voltar ao passado, mas de cuidar do futuro dos nossos filhos, e o combate à poluição será cada vez mais necessário. Os países com essa consciência já estão trabalhando para desenvolver a melhor forma de mobilidade urbana. As melhores cidades do mundo para se pedalar são:

1º - AMSTERDÃ - *40% das pessoas utilizam bicicletas e somente 13% têm carros! Incrível, não?*

Depois tem Copenhague, Sevilha, Berlim, Dublin. Tóquio surpreende, pois é a cidade com a região metropolitana mais populosa do mundo. Munique, Montreal, e digamos que o Rio é um lugar lindo para se pedalar, pois tem praias, lagoas, montanhas e florestas!

18º - RIO DE JANEIRO, *na frente de Viena (Áustria) e até de Nova York.*

Quando fui pela primeira vez à China, estive numa cidadezinha do interior chamada Nigboo, onde 85% da população se desloca de bicicleta. Visitei uma fábrica onde só existiam bicicletas no estacionamento. Quando retornei, uma década depois, o mesmo estacionamento tinha apenas 10 bicicletas e o resto estava tomado por carros! A China estaria fazendo o trajeto contrário? Já a Prefeitura do Rio se inspirou para criar o programa Bike Rio, de aluguel de bicicletas, parecido com o que se faz em Paris, Barcelona, Munique, Dublin, Montreal e outras cidades pelo mundo. É um luxo total! Em Paris, já há táxis-bicicleta, a exemplo do que ocorre em Pequim e Nova York. Espero que cheguem no Rio em breve!

Meu Brasil

BRASILEIRO

Estes destinos foram escolhidos a dedo por nós e por amigos que fizeram essas viagens. Você vai se apaixonar de novo pelo nosso país!

UM NOVO OLHAR SOBRE BRASÍLIA

Maria Pia Marcondes Ferraz Montenegro

OS PALÁCIOS, O EIXO MONUMENTAL, a Esplanada dos Ministérios são imagens de cartão-postal, que todo brasileiro conhece. Mas, para desvelar a alma da nossa linda capital, minha amiga Claudia Estrela Porto, professora de arquitetura da UnB e íntima dos mistérios de Brasília, indica um roteiro paralelo e surpreendente.

"Comece pelas históricas superquadras *SQS 108* e *SQS 308*, as primeiras a serem construídas, seguindo a filosofia de Lúcio Costa de 'Unidade de Vizinhança', com a Escola Parque, o Clube de Vizinhança, a biblioteca e o posto de saúde. Na SQS 308, aprecie o paisagismo de Burle Marx, além dos prédios residenciais

e equipamentos escolares. Logo na entrada, observe uma pequena igreja cuja cobertura inclinada nos faz pensar numa proa de navio, a 'Igrejinha', com seu mural de azulejo azul e branco figurativo criado por Athos Bulcão. Essa foi a primeira igreja construída em Brasília, mesmo antes da inauguração da cidade, em 1958, como pagamento de uma promessa da primeira-dama Sarah Kubitschek.

Depois desça até a Avenida das nações, ao longo da qual se localizam as embaixadas. As da Itália e do México são obras-primas de arquitetura. Pegue a Ponte das Garças, atravesse o lago e visite o Setor de Habitações do Lago Sul, região de classe média alta e rica de Brasília. Retorne pela terceira ponte, a Juscelino Kubitschek, e vá para o campus da Universidade de Brasília. Inicie o roteiro pela Praça Maior da Universidade, visitando o prédio da reitoria e a biblioteca central. Ao lado da reitoria, o Memorial Darcy Ribeiro, mais conhecido como "Beijódromo", do arquiteto Lelé, acolhe o acervo de Darcy, idealizador da universidade. Depois caminhe pelos jardins, delimitado pelo imenso prédio do Instituto Central de Ciências, sem dúvida a construção mais expressiva de Niemeyer para a UnB. Termine visitando o Centro Cultural do Banco do Brasil, outro projeto de Niemeyer, onde sempre há exposições interessantes."

CARAÍVA, UM PARAÍSO NA BAHIA

Maria Pia Marcondes Ferraz Montenegro

A 70 QUILÔMETROS DE PORTO SEGURO, Caraíva é um desses lugares mágicos como poucos no mundo. Tombada pelo patrimônio histórico com seus 470 anos, a cidade tem apenas seiscentos habitantes (e muitos turistas estrangeiros). O vilarejo parece ter parado no tempo: carros não podem circular, as ruelas são de areia e não há luz à noite – passeios, só de lanterna, pode ser mais romântico? O único sapato possível é uma havaiana. O melhor acesso é por barco, mas o site oficial informa, singelamente, que viajantes a pé ou de bicicleta devem consultar a tábua das marés... Nesse lugar de muita paz, privacidade e beleza, as praias mantêm-se quase desertas, e os pequenos e charmosos restaurantes recebem com carinho os visitantes. Caraíva é um dos lugares mais especiais em que já estive. Uma das pousadas mais charmosas da cidade se chama Vila do Mar, pé-na-areia.

O MUSEU DA LITURGIA EM TIRADENTES

Maria Pia Marcondes Ferraz Montenegro

TIRADENTES SE CONSAGROU como destino de charme e alta gastronomia, mas esta notícia me encantou: uma amiga querida, Valéria

Arrigoni, chegou de lá contando sobre o Museu da Liturgia, inaugurado em abril de 2012. Único museu da América Latina dedicado ao tema da liturgia, é uma pequena joia brasileira. No acervo, mais de quatrocentas peças sacras que evocam a devoção religiosa do brasileiro, acomodadas num casarão do século XVIII totalmente restaurado. Ainda não fui, mas estou louca para visitar.

FOZ DO IGUAÇU NÃO PERDE A MAJESTADE

Bebel Niemeyer

MINHA MUSA E CUNHADA AVENTUREIRA, Carla Mader, que já fuçou os quatro cantos deste mundo, voltou de Foz do Iguaçu recomendando a viagem – e, particularmente, o hotel maravilhoso onde se hospedou, o Hotel das Cataratas (da rede Orient Express), localizado dentro do Parque Nacional do Iguaçu. Isso significa que, quando o último ônibus turístico sai, as trilhas, os quatis, o pôr do sol, as borboletas azuis enormes, os mirantes das cataratas, tudo fica só para seu deleite (isso também vale para quem gosta daquela névoa matinal mística e consegue levantar antes do primeiro ônibus circular dentro do parque). Na chegada, aconselha Carla, resista ao "upgrade" para um quarto mais espaçoso e prefira um com vista: relaxe vendo aquela água toda descer além da sua janela. A comida é de fazer esquecer a dieta, mas o centro de fitness e a caminhada pelo parque ajudam depois. Para os mais aventureiros, ela recomenda dois passeios imperdíveis: um voo de helicóptero e o barco que sobe o cânion do Iguaçu, deixando os turistas mais intrépidos praticamente debaixo de uma das quedas (leve capas impermeáveis)! E a dica que vale um milhão de dólares: sincronize sua viagem com o período da lua cheia (e reze para São Pedro garantir céu limpo), leve uma lanterna e junte-se ao grupo que o hotel organiza para uma descida até o mirante, logo após o jantar. Lá, ao lado daquele turbilhão de águas brancas, uma experiência inusitada: o arco-íris prateado da lua.

UM PASSEIO PELO RIO NEGRO

Maria Pia Marcondes Ferraz Montenegro

UMA VIAGEM de cinco dias pelo rio Negro e pela maior floresta do mundo é uma experiência única, recomendada por Bobby Betenson, da agência Matuete. Quer você escolha um barco regional ou um iate luxuoso, essa será uma viagem inesquecível.

› O primeiro dia começa com visitas ao mercado central e ao teatro Amazonas, os melhores programas de Manaus. Depois, navegando rio acima, chega-se à Comunidade do Tupé, a apenas 2 horas da capital amazonense. Aproveite a primeira parada para ver a floresta do alto, subindo num enorme amapazeiro, uma árvore de quase trinta metros. Após um happy hour no barco, volta-se à comunidade para conhecer as tradições dos indígenas da região.

- Ao despertar para o segundo dia, você estará imersa na exuberância da selva. Logo cedo há um passeio de canoa pelos igarapés do Jaraqui, como fazem diariamente os ribeirinhos amazônicos. Pode-se então fazer uma trilha na floresta e, à tarde, explorar de barco o Parque Nacional de Anavilhanas e as centenas de ilhas que compõem esse que é o segundo maior arquipélago fluvial do mundo.

- No terceiro dia conhece-se outra comunidade, a de Tumbira, onde é possível conferir o trabalho da Fundação Amazonas Sustentável, uma ONG ambiental que atua na região do rio Negro. O resto do dia é de praia! Sim, na praia do Iluminado pode-se desbravar as ilhas adjacentes e mergulhar nas águas do rio.

- Um passeio de voadeira para explorar os canais da bacia do rio Ariaú inicia o quarto dia, no qual também estão previstas visitas às florestas alagadas da Amazônia, conhecidas como igapós. Essa será a oportunidade de ver macacos, iguanas, preguiças e uma boa diversidade de aves. À tarde, a atração é uma divertida pescaria de piranha na boca no rio Acajatuba.

- O último dia guarda uma surpresa: numa reentrância protegida no rio Acajatuba, é possível ver de perto (e até interagir com) os famosos e simpáticos botos-cor-de-rosa, um dos destaques da fauna da região. O retorno a Manaus, a bordo de um avião anfíbio, oferece a possibilidade de ver o incrível encontro das águas dos rios Negro e Solimões. São dias de sonho num cenário espetacular!

A PRAIA MAIS LINDA DE MACEIÓ

Maria Pia Marcondes Ferraz Montenegro

A CAPITAL DE ALAGOAS é uma cidade com praias de norte a sul, todas lindas e cada uma com suas peculiaridades, mas nossa amiga Vivi Rocha nos garante que lá fica uma das dez mais bonitas do Brasil, a praia do Gunga. Ela foi conhecer por sugestão de uma amiga e voltou deslumbrada: pra começar, a praia fica dentro de uma fazenda de coco (passa-se por uns 100 mil coqueiros no caminho!). Mais: como é protegida por arrecifes, não tem ondas, então dá para ficar boiando numa boa... O mar transparente parece que nos abraça com sua temperatura morna, dá vontade de "virar peixinho, ou quem sabe sereia", segundo ela! Chega-se à praia do Gunga de barco, partindo-se do porto do município de Barra de São Miguel, a 33 quilômetros de Maceió, ou de carro, atravessando a tal fazenda, o que pode ser feito gratuitamente após identificação e comprometendo-se a cumprir os requisitos de preservação ambiental do proprietário.

KITESURF EM JERICOACOARA

Maria Pia Marcondes Ferraz Montenegro

HÁ MUITOS ANOS tenho ouvido falar maravilhas de Jericoacoara, uma praia no Ceará. Conhecida por seu isolamento, mas também pela beleza de suas dunas e de seus coqueirais, o vilarejo atrai visitantes do Brasil e do mundo, muitos deles *habitués* de tão apaixonados que ficam. Lá é possível fazer passeios de buggy, caminhadas por lagoas de água doce e esportes aquáticos como o surf, o windsurf e o kitesurf, este último moda em qualquer praia internacional descolada e com vento, tipo Ibiza e Mikonos.

Em Jericoacoara existe uma das melhores e maiores escolas de kitesurf do planeta, o Rancho do Kite, aberto há sete anos nas dependências da pousada Rancho do Peixe, na praia do Preá (aliás, essa pousada é outra loucura), e comandado por Alexandre Mosquito. Oligarcas russos, príncipes europeus, empresários poderosos da Europa, dos Estados Unidos, do Rio de Janeiro e de São Paulo, todos apaixonados pelo esporte, voltam ano após ano atraídos pelas condições perfeitas que Jericoacoara oferece: vento de qualidade oito meses por ano, praia sem obstáculos, faixa de mar exclusiva para os alunos, num vilarejo entre as dunas, onde não há carros nem ruas pavimentadas, com uma coleção de pousadas rústicas e charmosas, restaurantes com uma gastronomia fusionista e bares e danceterias onde reina o forró. Deleite total!

TRUQUE INFALÍVEL
Unhas que duuuuram...

Para as unhas voltarem de viagem sem um arranhão, parecendo que você acabou de sair do salão, o truque é pingar duas gotas de qualquer cola para unhas postiças no esmalte que for passar. Ou pergunte no seu salão se eles têm aqueles esmaltes que duram até três semanas sem descascar nem lascar. Para tirar, porém, tem que voltar ao salão, pois o método é todo especial. Se você usou o esmalte tradicional, leve no nécessaire os mágicos lenços removedores Océane, à venda em drogarias mais conceituadas. **BN**

PRODUTOS MARA!
Cabelos viajantes

É nas viagens que a gente conhece a educação e os cabelos das pessoas, já pontificava nosso sábio amigo Antonio Neves da Rocha (e eu pensei, com os meus botões: "Sobretudo os cabelos!").

Amo uma escova e, no sufoco de estar em trânsito, faço de tudo para preservá-la, na medida da higiene. Por isso, tomei nota de duas preciosas dicas de uma amiga antenadíssima e repasso a você com a mesma alegria com que as recebi. São dois produtos do mesmo fabricante, Oscar Blandi. Para quando não der tempo de lavar e escovar o cabelo, xampu a seco! Aplica-se em todo o cabelo, com spray, e os fios voltam a ter o ar de lavados, com volume natural. Chama-se Oscar Blandi Pronto Dry Shampoo! Para disfarçar os branquinhos que insistem em nascer a quilômetros da sua casa e do seu colorista, Oscar Blandi Pronto Colore Root Touch-up and Highlighting. **BN**

À venda na Sephora e no site www.kissme.com

PÉS E MÃOS MACIOS FOREVER

Bebel Niemeyer

DURANTE UMA VIAGEM, sou incansável e não meço esforços para atender a toda a programação, pois, como o saudoso presidente Tancredo Neves, tenho a eternidade para descansar. A não ser que minhas mãos ou pés me deixem de molho. E deixavam, até que... Explico por partes. Minhas cutículas, sei lá por quê, começam a desfolhar já na imigração, formando feridinhas que invariavelmente me obrigam a tomar remédio. Recentemente, experimentei o maravilhoso Créme Abricot, fortificante para unhas, da Dior, sugestão de AC, e decidi que nunca mais viajo sem ele! Já meus pés, que também batem pino quando as andanças não dão trégua, comportaram-se divinamente bem: nenhuma bolha, nenhuma calosidade a me incomodar, nada fora a maciez e delicadeza. Sou gratíssima à dica de minha querida companheira de viagem Patrícia Peltier, que indicou este creme dos deuses logo no primeiro dia: Dry-Run Foot Cream, da Kiehl's. Cheguei a sair de sapatilha sem meia e... nada! Libertei-me do revezamento de tênis, das calorentas meias e pude me calçar de acordo com o figurino.

DICA QUENTE
Malas achadas

A única vez em que perdemos mala na família, pra nunca mais revê-la, foi numa viagem da minha filha Isabel: distraída, *ela se esqueceu de identificá-la.* Depois disso, nunca mais me descuidei do quesito e checo, pessoalmente, se a bagagem está devidamente etiquetada antes mesmo de fazer a mala. Aliada a essa preocupação, tenho uma segunda: pôr algo que possa distinguir o que é nosso. Comecei com a fita verde e amarela até perceber que muitos tiveram a mesma ideia. Mudei pras do Senhor do Bonfim, que também agregavam o valor proteção, mas eram tantas iguais que concluí que todo brasileiro é meio baiano... Hoje recorro a profissionais que fazem tags (nome chique para etiquetas) personalizadas, com visual exclusivo e nossos dados, mas você mesma pode criar as suas se preferir. O importante é não deixar a mala cair na esteira sem as suas "digitais"! BN

CABELOS EM DIA

Bebel Niemeyer

SOU VICIADA EM FAZER ESCOVA, desde o início e para sempre, e sofria para achar um lugar com pouca burocracia (chegar e fazer) e bom preço na Big Apple. Uma amiga da vida inteira, local, me indicou então o "The Dry Bar", uma espécie de Britto, do Shopping da Gávea, nos áureos tempos, versão americana. Pra quem não é carioca eu explico: escova vapt-vupt, bem-feita e com preço ótimo… Em NYC, são cinco endereços, cada um num ponto da cidade. Há outros endereços na costa leste. No site tem tudo!

A VIAGEM SEM ERRO
Truques para arrumar a mala

Outro dia, ao conhecer uma querida amiga da minha filha, fiquei surpresa quando ela contou que sua mãe, que também é minha amiga, se lembrava da arrumação de minha mala numa viagem que fizemos há vinte anos! Por isso, resolvi escrever sobre esse tema tão traumático pra mim, pois, apesar do respeito que tenho por tudo que voa, na hora de fazer as malas já estou à beira de um ataque de nervos e com o raciocínio fraquejando. Vai que o seu também está!

- A primeira providência é separar as roupas que pretende levar, de preferência pendurando-as numa arara. Facilita o famoso troca-troca e permite a visualização do todo. Sapatos e bolsas devem ser dispostos sob a arara, aguardando a sua vez.
- Para as peças íntimas, cintos, meias, biquínis, luvas etc., tenho um dispositivo praticíssimo que ganhei, espécie de cabide-nécessaire com quatro compartimentos (existe um similar na Trousseau). Cabem ali todas as miudezas que espalhamos pela mala e que são um perrengue pra achar na hora de sair correndo, porque o teatro começa em meia hora e a Broadway não espera! Detalhe: ele fica pendurado no armário do hotel, facilitando o manuseio.
- Camisas, camisetas, camisolas, suéteres e xales ficam dispostos em algum lugar próximo, aguardando sua hora de embarcar, quer dizer, embalar.

Ingredientes separados, comecemos nosso bolo!
> Disponha os jeans, calças e saias embaixo de tudo, fazendo camadas intercaladas com papel de seda. Graças a esse santo papel, suas roupas chegarão com outro aspecto!
> Em seguida, suéteres e malhas abertos, pra não fazer volume, separados por papel de seda para proteger.
> A próxima camada é a das camisetas: disponha-as uma do lado da outra, também dobradas com a ajuda do bendito papel, seguidas das camisolas e, por último, camisas de seda ou algodão.

> And, last but not least, acomode mantô, blazers e jaquetas por cima de tudo, fazendo uma espécie de blindagem antiamasso. Finalize com uma grossa camada, adivinhe de quê? Papel de seda!
> O pulo do gato: sabe aqueles espaços vazios que ficam, fatalmente, nos cantos da mala? Preencha-os com... papel de seda!!!

Agora, aqui entre nós, mesmo com toda essa papeleira, se houver disposição e espaço, um "steamer" é muito bem-vindo.

Para nécessaires (incluindo a de pendurar), sapatos, bolsas etc., melhor levar uma segunda mala ou sapateira, já que hoje em dia é um problema ultrapassar os quilos permitidos pela legislação internacional, não importa em que classe você esteja!

Para maridos a regra é a mesma, só que com mais capricho porque são menos versáteis! BN

BALANÇA PARA PESAR MALAS

Maria Pia Marcondes Ferraz Montenegro

E POR FALAR EM PROBLEMAS com excesso de peso, descobri outro dia uma balança portátil que pode ser fixada na alça da mala. É só levantar e pronto: o peso aparece. Fundamental para viagens internacionais e até nacionais, não viajo sem ela! O preço é ótimo e pode ser comprada no site da loja virtual RPC-Commerce.

1º edição	Agosto de 2014
Papel de miolo	Couchê fosco 120g/m²
Papel de capa	Supremo 250g/m²
Tipografia	Leitura e Luxury